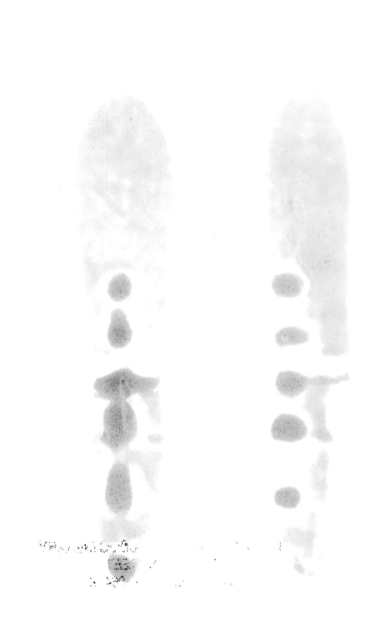

EXTREME
RESTAURANTS

TECTUM
PUBLISHERS

TRANSPORTATION

AUTHOR
Birgit Krols

ENGLISH TRANSLATION
Alison Lacy

FRENCH TRANSLATION
Manuela Hollanders

DESIGN
Gunter Segers

© 2008   Tectum Publishers
Godefriduskaai 22
2000 Antwerp
Belgium
info@tectum.be
+ 32 3 226 66 73
www.tectum.be

ISBN: 90-76886-62-6
WD: 2008/9021/12
(54)

STAURANTS

INTERIOR DESIGN & ENTERTAINMENT

SERVICE & FOOD

ARCHITECTURE

INTRODUCTION

Extreme Restaurants is all about unique experiences. This book reveals in words and pictures 42 radically original restaurants, bistros, brasseries and eateries from all over the world. Whether they are restaurants that stand out because of location, architecture or their interiors or they are extreme on the level of service, amusement or the meal, the goal of each one is to push the boundaries of the eating experience. During the selection process, we were especially guided by criteria such as originality, quality and authenticity. As a result, you won't find a list of well known theme restaurants with branches all over the world in this book.

The chosen restaurants are divided into 5 chapters. Under 'Location' you will find establishments that are defined by their environment, such as restaurants underwater, in the snow, in a tree house and in a sea cave. The 'Transportation' chapter is about means of transport that have been converted into restaurants, including a train, a cable car, a carriage and a tram. 'Interior Design & Entertainment' throws light on establishments that radiate originality through their interior or their amusement value, such as a film restaurant, a completely dark brasserie, a karaoke temple and an astronomic restaurant. Chapter 'Service & Food' delves into businesses that are unique in terms of service or that serve exceptional meals, such as an automated restaurant, an establishment run by prisoners, a culinary laboratory and a food design studio. And finally, 'Architecture' describes restaurants that cause a stir because of the view from where they are housed, such as an outdoor restaurant on a skyscraper, an establishment inside a centuries old Roman cistern, a restaurant on top of 4 gigantic hot water tanks or inside the monumental Atomium in Brussels.

Just like *Extreme Hotels* – the first book in this series – some establishments are exclusive and therefore expensive, while others simply want to be creative and are therefore aimed at a wider public and an average budget. One thing is certain: there is something in this book to suit everyone's purse and taste. Whether you leaf through it in search of a dream location for the world's most original wedding proposal or birthday party, to be amazed by human creativity or to enjoy the breathtaking photographs, you can't go wrong with these restaurants!

Partager des expériences uniques, c'est l'essence même d'*Extrème Restaurants*. Ce livre présente 42 établissements des plus originaux : bistrots, brasseries et restaurants du monde entier, en images et en détails. S'ils se singularisent par leur localisation, leur architecture intérieure ou leur service, le divertissement ou la nature des plats, tous visent à repousser les limites de l'expérience culinaire. Au fil de notre sélection, nous nous sommes laissés guider par des critères d'originalité, de qualité et d'authenticité. Ce livre ne présentera donc pas les restaurants à thème bien connus qui disposent de filiales dans le monde.

La sélection se divise en 5 catégories. Sous la thématique Location, se retrouvent les établissements définis par leur biotope : la mer, la neige, les arbres ou une grotte sous-marine. Le chapitre Transportation reprend les moyens de transports qui ont été convertis en restaurant tels un train, un téléphérique, une diligence ou un tram. Interior Design & Entertainment met en lumière des établissements à la décoration intérieure extraordinaire ou qui se révèlent particulièrement divertissants. Un restaurant projetant des films, une brasserie plongée dans le noir, un royaume du karaoké ou un observatoire astronomique. Service & Food explore les établissements qui se singularisent par un service ou une cuisine hors du commun : un restaurant automatique, un autre dirigé par des prisonniers, un laboratoire culinaire et un studio de création alimentaire. Architecture décrit les restaurants qui se distinguent par leur implantation : à ciel ouvert, au sommet d'un gratte-ciel, dans une antique citerne romaine ou dans le monumental Atomium de Bruxelles.

Tout comme *Extreme Hotels*, premier ouvrage de notre série, certains établissements sont exclusifs et donc extrêmement onéreux tandis que d'autres sont simplement très créatifs et s'adressent à un large public. Une chose est sûre, il y a dans ce livre des restaurants pour tous les goûts et pour toutes les bourses. Que vous cherchiez un endroit de rêve pour faire une demande en mariage la plus originale possible ou un lieu où fêter un anniversaire, que vous vouliez être surpris par la créativité des architectes ou vous extasier devant les photographies de ces lieux, ce livre est pour vous !

Unieke ervaringen, dat is waar het om draait in *Extreme Restaurants*. Dit boek toont 42 uiterst originele restaurants, bistro's, brasseries en eethuizen van over de hele wereld in woord en beeld. Of het nu gaat om restaurants die eruit springen qua locatie, architectuur of interieur, of om zaken die extreem zijn op het gebied van service, amusement of maaltijden, stuk voor stuk hebben ze als doel de grenzen te verleggen op het gebied van eeterervaringen. Tijdens de selectie hebben we ons vooral laten leiden door criteria als originaliteit, kwaliteit en authenticiteit. Wat je dus niet krijgt in dit boek, is een opsomming van door iedereen gekende themarestaurants met filialen over de hele wereld.

De gekozen restaurants zijn onderverdeeld in 5 hoofdstukken. Onder 'Location' vind je zaken terug die gedefinieerd worden door hun biotoop, zoals een onderwater-, een sneeuw-, een boomhut- en een zeegrotrestaurant. Het hoofdstuk 'Transportation' gaat over vervoermiddelen die omgebouwd werden tot restaurants, waaronder een treinstel, een kabelbaan, een koets en een tram. 'Interior design & Entertainment' belicht zaken die originaliteit uitstralen qua interieur of amusementswaarde, zoals een filmrestaurant, een volledig verduisterde brasserie, een karaoketempel en een astronomisch restaurant. Hoofdstuk 'Service & food' gaat dieper in op zaken die uniek zijn wat betreft bediening of die exceptionele maaltijden serveren, zoals een geautomatiseerd restaurant, een zaak die gerund wordt door gevangenen, een culinair laboratorium en een voedselontwerpstudio. En 'Architecture' omschrijft restaurants die opzien baren dankzij het uitzicht van het pand waarin ze gehuisd zijn, zoals een openluchtrestaurant op een wolkenkrabber, een zaak in een eeuwenoud Romeins waterreservoir, een restaurant bovenop 4 gigantische heetwatertanks en een zaak gevestigd in het monumentale Brusselse Atomium.

Net als bij *Extreme Hotels* - het eerste boek in deze reeks – geldt dat sommige zaken exclusief zijn en dus duur, en dat andere gewoonweg creatief willen zijn en mikken op een ruimer publiek – en dus ook op een doorsnee budget. Eén ding is zeker: ook in dit boek is er voor ieders beurs en smaak wel iets te vinden. Of je het nu doorbladert op zoek naar dé droomlocatie voor 's werelds meest originele huwelijksaanzoek of verjaardagsfeestje, om je te verbazen over de menselijke creativiteit of om te genieten van de adembenemende foto's, met deze restaurants zit je gegarandeerd goed!

LOCATION

SNOW RESTAURANT FINLAND

On the rocks

If you're going to visit this place, leave your designer dress hanging in the wardrobe and take an extra jumper instead: the temperature in the snow restaurant is kept at a constant -5° Celsius. The personnel also like to let you know that you don't need to worry too much about good manners here: if you receive your meal, it's better not to wait for your companions to receive theirs before starting to eat, not unless you like cold food. The SnowRestaurant is part of the LumiLinna SnowCastle in Kemi and just like the castle it is entirely rebuilt out of ice and snow each winter. The tables are also made of ice, although the benches are wooden and provided with reindeer skins to keep you warm. There are 4 dining rooms that altogether provide seating for 200 people and even though it's open for lunch and dinner, timely reservations are a must.

Laissez votre petite jupe de couturier au vestiaire et enfilez plutôt un pull supplémentaire si vous voulez visiter cet établissement. La température dans ce restaurant de glace est maintenue continuellement à -5 degrés. Le personnel vous précisera volontiers qu'ici, pas de bonnes manières : dès réception de votre repas, mieux vaut ne pas attendre que vos voisins soient servis, à moins de ne vouloir manger froid. Le SnowRestaurant fait partie du LumiLinna SnowCastle de Kemi, et tout comme cette structure, il est reconstruit chaque année, de glace et de neige. Les tables aussi sont constituées de glace, même si les bancs sont en bois et recouverts de peaux de rennes, pour la chaleur. Il y a 4 salles à manger, offrant 200 couverts. Bien que le restaurant soit ouvert pour le déjeuner et le dîner, une réservation s'impose.

Laat je designerjurkje maar in de kast hangen en opteer liever voor een extra trui als je deze zaak bezoekt. De temperatuur in dit sneeuwrestaurant wordt immers continu op -5 graden gehouden. Het personeel wijst je dan ook graag op het feit dat je je hier van goede manieren weinig aan hoeft te trekken: als je je maaltijd krijgt, kan je maar beter niet zitten wachten tot je buren hun borden ook gekregen hebben, tenzij je van koud eten houdt. Het SnowRestaurant vormt een onderdeel van het LumiLinna SnowCastle in Kemi, en wordt net zoals deze structuur elke winter helemaal opnieuw opgetrokken uit sneeuw en ijs. Ook de tafels bestaan uit ijs, al zijn de banken gemaakt van hout en voorzien van rendierhuiden voor de warmte. Er zijn 4 eetzalen die samen plaats bieden aan 200 mensen, en hoewel de zaak open is voor lunch én diner, is tijdig reserveren een must.

SNOWRESTAURANT LUMILINNA - INNER HARBOUR, 94100 KEMI, FINLAND - +358 16 259502 - INFO@SNOWCASTLE.NET – WWW.SNOWCASTLE.NET

The ice needed to make the tables and sculptures comes from the Gulf of Bothnia, the northernmost arm of the Baltic Sea.

La glace utilisée pour la fabrication des tables et des sculptures provient du Golfe Botnique, à l'extrême nord de la Baltique.

Het ijs dat nodig is voor het vervaardigen van de tafels en sculpturen is afkomstig uit de Botnische Golf, het noordelijkste gedeelte van de Oostzee.

Six menus assembled from local produce are served daily.

Chaque jour, 6 menus composés de produits locaux sont servis.

Dagelijks wordt er een 6-tal menu's geserveerd, samengesteld uit lokale producten.

SEA CAVE RESTAURANT ITALY

Wonder of nature

Polignano a Mare, a small Italian town with white houses and narrow alleyways built on a cliff, is the home of the world's most beautiful sea cave: the Grotta Palazzese. This unique space, reflected in the clear blue and green water, was created by the natural phenomenon of karst (the dissolution of limestone in water) and has been used as a banquet room since the 18th century. That's when Duke Leto built a tunnel through the cliff and installed a staircase – which is still used to this day. Established 50 years ago, the restaurant seats 100 people and is part of the Grotta Palazzese hotel complex. The sea cave restaurant is open from May to October, since weather conditions can make an extended visit outside that period uncomfortable. The typically Mediterranean kitchen specialises in lobster, fish and shell fish.

Perchée sur une falaise, Polignano A Mare est une petite ville italienne aux ruelles étroites et aux maisons blanches. On y trouve l'une des plus belles grottes marines du monde : la Grotta Palazzese. Cet espace unique, qui se reflète dans une eau claire aux teintes turquoise, s'est creusé par érosion naturelle du calcaire dans l'eau. Il est utilisé depuis le 18e siècle comme salle de réception. Le Duc Leto fit creuser la roche et aménager un escalier – qu'on emprunte encore de nos jours. Le restaurant qui y est installé depuis 50 ans déjà, accueille 100 convives. Il fait partie du complexe hôtelier Grotta Palazzese et est ouvert de mai à octobre. Car, en dehors de cette période, les conditions météo rendraient un séjour prolongé inconfortable. La cuisine est typiquement méditerranéenne avec des spécialités de homard, de poisson et de fruits de mer.

Polignano a Mare, een Italiaans stadje met smalle steegjes en witte huizen gebouwd op een klif, is de thuishaven van 's werelds mooiste zeegrot: de Grotta Palazzese. Deze unieke ruimte, die gereflecteerd wordt in het heldere blauw-en-groene water, is ontstaan door het natuurlijke verschijnsel karst (het oplossen van kalksteen in water) en werd reeds in de 18e eeuw gebruikt als feestzaal. Hertog Leto liet de klif toen doorboren en een trap installeren – die nu trouwens nog altijd gebruikt wordt. Het restaurant dat er al 50 jaar gevestigd is, biedt plaats aan 100 mensen en maakt deel uit van hotelcomplex Grotta Palazzese. Het restaurant is open van mei tot oktober, omdat de weersomstandigheden een langdurig verblijf buiten die periode onaangenaam maken. De typisch mediterrane keuken is gespecialiseerd in kreeft, vis en zeevruchten.

HOTEL RISTORANTE GROTTA PALAZZESE - VIA NARCISO 59, 70044 POLIGNANO A MARE, BARI, ITALY – +39 080 4240677 - GROTTAPALAZZESE@GROTTAPALAZZESE.IT - WWW.GROTTAPALAZZESE.IT

SKY RESTAURANT BELGIUM

The sky is the limit

You absolutely cannot be afraid of heights if you want to visit this restaurant. Dinner in the Sky treats its guests to a unique eating experience at a height of no less than 50 metres. The specially designed table that is hoisted high into the air by a crane, seats 22 firmly strapped in guests, a chef and 2 assistants. A second, optional platform can provide additional, perhaps musical, entertainment or other type of accompaniment. Dinner in the Sky can be set up anywhere: in a city or the countryside, on a sports field or cultural site... The concept took off 2 years ago and since then it has already visited Bratislava, Lisbon, London, Frankfurt, Düsseldorf and Johannesburg, amongst others. The food served is left entirely to the imagination of the customer.

Pour pouvoir fréquenter ce restaurant, il est impératif de ne pas souffrir du vertige. Dinner in the Sky invite ses clients à une expérience dînatoire unique, de préférence à quelque 50 mètres d'altitude. La table spécialement conçue, hissée au moyen d'une grue, accueille 22 convives solidement attachés, un chef et 2 assistants. Une deuxième plateforme, optionnelle, permet d'offrir des distractions supplémentaires sous la forme d'un accompagnement musical, par exemple. Dinner in the Sky peut s'établir n'importe où : en ville ou à la campagne, sur un terrain de sport ou un site culturel... Le concept existe depuis 2 ans maintenant et s'est invité à Bratislava, Lisbonne, Londres, Francfort, Düsseldorf et Johannesburg. Ce qui est servi dans les assiettes est entièrement laissé à l'inspiration du client.

Om dit restaurant te bezoeken, mag je absoluut geen last hebben van hoogtevrees. Dinner in the Sky trakteert haar gasten immers op een unieke eetervaring op maar liefst 50 meter hoogte. De speciaal ontworpen tafel, die de hoogte in gehesen wordt met behulp van een kraan, biedt plaats aan 22 stevig vastgesnoerde gasten, een chef en 2 assistenten. Een tweede, optioneel platform kan voor extra verstrooiing zorgen onder de vorm van muzikale of andere begeleiding. Dinner in the Sky kan overal opgesteld worden: in een stad of op het platteland, op een sportterrein of een culturele plek... Het concept bestaat nu 2 jaar en heeft intussen onder meer al een bezoek gebracht aan Bratislava, Lissabon, Londen, Frankfurt, Düsseldorf en Johannesburg. Wat er op de borden komt, wordt geheel aan de fantasie van de klant overgelaten.

DINNER IN THE SKY - +32 2 333 38 10 - INFO@DINNERINTHESKY.COM - WWW.DINNERINTHESKY.COM

Naturally, safety comes first: the table was built according to German TÜV standards, which are amongst the strictest in the world.

Il va de soi que la sécurité prime : la table a donc été élaborée suivant les normes allemandes TüV, parmi les plus strictes au monde.

Uiteraard primeert de veiligheid: de tafel werd dan ook gebouwd volgens de Duitse TüV-normen, die tot de strengste ter wereld behoren.

AL FRESCO USA
LOCATION DINING

Between soil and sky

Have you ever asked yourself where the tender vegetables or fragrant piece of cheese on your plate actually came from? Outstanding in the Field answers all these questions during unusual outdoor dining events. Chef Jim Denevan started organising dinners at organic farms in California in 1999. His idea: let people become acquainted with the soil that provided their meal, in the presence of the producer in question. Seven seasons later, Denevan doesn't only count on the help of a handful of top chefs but he can also consider the entire United States his playground. There are even trips to South America, Australia, Asia and Europe planned for 2008. Each event is situated in an original location, such as a farm, a vineyard or a sea cave and can be attended by around 130 people.

Vous êtes-vous jamais demandé d'où venaient ces légumes tendres ou ce fromage odorant dans votre assiette? Outstanding in the Field répond à ces interrogations durant un événement culinaire inhabituel, à ciel ouvert. Le chef Jim Denevan a commencé en 1999 en Californie par l'organisation de petits dîners dans des fermes bio. Son idée : organiser une rencontre entre les gens et le sol qui a produit leur repas, en présence des cultivateurs. Sept saisons plus tard, Denevan, peut compter non seulement sur l'aide d'une poignée de chefs, mais étendre son terrain de jeu à tous les Etats-Unis. En 2008, des excursions en Amérique du Sud, en Australie, en Asie et en Europe sont même programmées. Chaque événement se passe dans un lieu original, une ferme, un vignoble, une grotte marine, et peut accueillir 130 personnes.

Heb je je ooit afgevraagd waar die malse groente of dat geurige stuk kaas op je bord precies vandaan komt? Outstanding in the Field beantwoordt al deze vragen tijdens ongewone eetevenementen in de openlucht. Chef Jim Denevan startte in 1999 in Californië met het organiseren van dinertjes op organische boerderijen. Zijn idee: mensen laten kennismaken met de grond die hun maaltijd voortbracht, in aanwezigheid van de producenten in kwestie. Zeven seizoenen later kan Denevan niet enkel rekenen op de hulp van een handvol topkoks, maar kan hij de hele Verenigde Staten tot zijn speelterrein rekenen. Voor 2008 staan er zelfs uitstapjes naar Zuid-Amerika, Australië, Azië en Europa op het programma. Elk evenement vindt plaats op een originele locatie, zoals een boerderij, een wijngaard of een zeegrot, en kan bijgewoond worden door ongeveer 130 personen.

OUTSTANDING IN THE FIELD – P.O. BOX 2413, SANTA CRUZ, CALIFORNIA 95063-2413, USA · +1 831 247 1041· OUTSTANDINGINTHEFIELD@GMAIL.COM · WWW.OUTSTANDINGINTHEFIELD.COM

The meal is preceded by a tour and the farmers who provided the day's harvest are on hand to provide information.

Le repas est précédé d'une visite guidée et accompagné d'explications fournies par les agriculteurs qui ont veillé à la récolte du jour.

De maaltijd wordt voorafgegaan door een rondleiding, en voorzien van uitleg door de landbouwers die voor de oogst van die dag gezorgd hebben.

TREEHOUSE RESTAURANT ^{UK}

Sitting up a tree

The Treehouse at Alnwick Garden, covering an area equivalent to 2 Olympic swimming pools, is one of the largest tree houses in the world. Constructed around 16 lime trees, this wooden structure built in 2005 consists of a restaurant, 2 towers, 2 resource rooms, a veranda and various long rope bridges, each and every one accessible for buggies and wheelchairs. The living trees that seem to grow out of the floor, the crackling open fire in the heart of the space, the passionate workmanship that shines through the whole structure and the soft light at a height of 19 metres all make eating here a truly unique experience. What's more, the kitchen, which concentrates on regional specialities such as fish, shell fish and organic meat, is very highly thought of. The Treehouse is open every day for lunch and is also open for dinner on Thursday, Friday and Saturday.

De la taille de 2 piscines olympiques, The Treehouse at Alnwick Garden est, au monde, l'une des plus grandes cabanes nichées dans les arbres. Bâtie autour de 16 tilleuls, cette structure en bois construite en 2005 contient un restaurant, 2 tours, 2 petites salles, une véranda et plusieurs ponts suspendus, accessibles aux chaises roulantes. Les branches des arbres traversant le plancher, le feu crépitant au coeur de l'espace, le savoir-faire passionné qui s'exprime à travers toute la structure et la douce lumière à 19 mètres de haut, transforment le repas en une expérience unique. La cuisine qui se focalise sur les spécialités régionales telles que le poisson, les fruits de mer et la viande bio, est de surcroît très bien notée. The Treehouse est ouvert chaque jour pour le déjeuner et les jeudis, vendredis et samedis, pour le dîner.

The Treehouse at Alnwick Garden is met een grootte van 2 Olympische zwembaden een van de grootste boomhutten ter wereld. Gebouwd rond 16 linde-bomen, omvat deze houten structuur uit 2005 een restaurant, 2 torens, 2 zaaltjes, een veranda en verscheidene meterslange loop-bruggen, stuk voor stuk toegankelijk met buggy's en rolstoelen. De levende bomen die doorheen de vloer lijken te groeien, het knette-rende haardvuur in het hart van de ruimte, het gepassioneerde vak-manschap dat uit de hele struc-tuur spreekt en het zachte licht op 19 meter hoogte maken van een etentje hier een werkelijk unieke ervaring. De keuken, die zich toe-spitst op regionale specialiteiten zoals vis, zeevruchten en organisch vlees, staat bovendien erg hoog aangeschreven. The Treehouse is elke dag open voor de lunch, en op donderdag, vrijdag en zaterdag ook voor het diner.

THE TREEHOUSE AT ALNWICK GARDEN - THE ALNWICK GARDEN, DENWICK LANE, ALNWICK, NORTHUMBERLAND, NE66 1YU, UNITED KINGDOM - +44 1665 511350 - INFO@ALNWICKGARDEN.COM - WWW.ALNWICKGARDEN.COM

The entire structure has a capacity of 440 visitors.

La structure entière dispose d'une capacité de 440 couverts.

De volledige structuur heeft een capaciteit van 440 bezoekers.

The adjacent Alnwick Castle was presented in the Harry Potter films as Hogwarts School of Witchcraft and Wizardry.

Le château d'Alnwick, tout proche, a servi de décor à l'école de magie des différents épisodes d'Harry Potter.

Het aangrenzende Alnwick Castle wordt in de Harry Potter-films opgevoerd als Zweinsteins Hogeschool voor Hekserij en Hocus-Pocus.

GREENHOUSE
RESTAURANT THE NETHERLANDS

The flavour of fresh food

In 2001, top chef Gert Jan Hageman, who had earned a Michelin star in Dutch haute cuisine, found new means of fulfilment for both his own career as well as for the dilapidated greenhouse dating from 1926 belonging to the Amsterdam city nurseries: he renovated the glasshouse into a restaurant and nursery. In this unique interior, they maintain the hypothesis that food tastes best when prepared with truly fresh ingredients, grown and harvested with respect for nature. De Kas (The Greenhouse) only serves one menu each day, specially adapted to the day's harvest. Situated in Frankendael Park it is an oasis of calm for the 50,000 guests who turn up every year, whether to sit in the breathtaking dining room, the chef's table in the kitchen or outside in the herb garden. The 8 metre high greenhouse provides a spectacular view by day and is stylishly illuminated in the evenings.

En 2001, Gert Jan Hageman, chef de la haute cuisine néerlandaise, étoilé au Michelin, a donné une nouvelle orientation à sa carrière. Et fait de même avec l'ancienne entreprise horticole de la ville d'Amsterdam, fondée en 1926. Il a transformé l'édifice vitré en restaurant et pépinière. Dans ce décor unique, hommage est rendu à la théorie selon laquelle un plat est meilleur lorsqu'il est préparé avec des aliments ultra-frais, cultivés et récoltés dans le respect de la nature. De Kas sert quotidiennement un menu unique, composé selon la récolte du jour. Situé dans le parc de Frankendael, c'est une oasis de calme pour les 50.000 clients s'y rendent chaque année. Que ce soit dans une salle à manger à couper le souffle, à la table du chef, dans la cuisine, au jardin potager ou à l'extérieur. La serre haute de huit mètres procure une vue spectaculaire durant le jour et s'illumine agréablement le soir.

In 2001 vond topkok Gert Jan Hageman, die een Michelinster verdiend had in de Nederlandse haute cuisine, een nieuwe invulling voor zowel zijn eigen carrière als voor de vervallen kas uit 1926 van de Amsterdamse Stadskwekerij: hij verbouwde het glazen gebouw tot restaurant en kwekerij. In dit unieke decor huldigt men de stelling dat eten het best smaakt als het bereid is met kraakverse ingrediënten, geteeld en geoogst met respect voor de natuur. De Kas serveert dagelijks dan ook slechts één menu, afgestemd op de oogst van die dag. Gelegen in park Frankendael is het een oase van rust voor de 50.000 gasten die er jaarlijks aanschuiven, hetzij in de adembenemende eetzaal, hetzij aan de chefstafel in de keuken of buiten in de kruidentuin. De 8 meter hoge kas biedt overdag een spectaculair uitzicht en is 's avonds sfeervol verlicht.

RESTAURANT EN KWEKERIJ DE KAS – KAMERLINGH ONNESLAAN 3, 1097 DE AMSTERDAM, THE NETHERLANDS - +31 20 462 45 62 - info@restaurantdekas.nl - WWW.RESTAURANTDEKAS.NL

De Kas has its own greenhouses and farm land, and also buys fresh ingredients from environmentally aware farmers in the region.

De Kas possède des serres ainsi qu'un lopin de terre. Elle s'approvisionne aussi en ingrédients frais auprès d'agriculteurs bio de la région.

De Kas beschikt over eigen serres en een stuk akker, en koopt tevens verse ingrediënten in bij milieubewuste landbouwers in de omgeving.

UNDERGROUND RESTAURANT POLAND

Salty business

This is the only place in the world where you can eat a meal completely surrounded by salt: on your hands, under your shoes, above your head, in the air... The entire space has been literally cut out of rock-salt. The Wieliczka salt mine is not only a tourist attraction, you can also dine upon an enormous variety of traditional Polish dishes there. Part of this 900 year old mine has been used as a ballroom since the 18th century and given that the microclimate inside stimulates the appetite, there is an equally long tradition of serving food underground. Three dining halls, which can accommodate 580 people in total, are situated at a depth of 125 and 135 metres. Two new spaces are currently being renovated and they will form the new gastronomic heart of the mine in the near future.

Voici le seul endroit au monde où savourer un repas sous une montagne de sel : sur les mains, sous les semelles, au-dessus de la tête et dans l'air... En vérité, l'espace entier est littéralement sculpté dans des parois de sel. Wieliczka n'est pas seulement une attraction touristique, on peut également y savourer une énorme variété de plats polonais traditionnels. Une partie de cette mine, vieille de 900 ans, est exploitée depuis le 18e siècle comme salle de bal. Et comme le microclimat qu'on y rencontre stimule l'appétit, la tradition d'y servir des repas en sous-sol date de la même époque. A 125 et 135 mètres de fond se trouvent trois salles de banquet qui peuvent accueillir jusqu'à 580 personnes. Deux nouveaux espaces en cours de rénovation constitueront prochainement le nouveau cœur gastronomique de la mine.

Dit is de enige plaats ter wereld waar je een maaltijd kan verorberen, volledig omringd door zout: op je handen, onder je schoenen, boven je hoofd, in de lucht... De hele ruimte is dan ook letterlijk uitgehakt in de zoutrotsen. De zoutmijn van Wieliczka is niet enkel een toeristische trekpleister, je kan er ook een enorme variëteit aan traditionele Poolse gerechten verorberen. Een deel van deze 900 jaar oude mijn wordt al sinds de 18e eeuw als balzaal gebruikt, en aangezien het microklimaat dat er heerst de eetlust stimuleert, bestaat er een even lange traditie wat betreft het ondergronds serveren van maaltijden. Op 125 en 135 meter diepte bevinden zich 3 gelagzalen, die in totaal 580 mensen kunnen herbergen. Twee nieuwe ruimtes worden op dit moment gerenoveerd en zullen in de nabije toekomst het nieuwe gastronomische hart van de mijn gaan vormen.

UNDERGROUND RESTAURANT OF THE WIELICZKA SALT MINE - 10 DANILOWICZA STREET, 32-020 WIELICZKA, POLAND - +48 12 278 73 24 - GASTRONOMIA@KOPALNIA.PL - WWW.KOPALNIA.PL/UNDERGROUNDRESTAURANT

Every year more than a 1,000,000 tourists visit this mine and around 300 events are organised.

Chaque année, la mine est visitée par plus de 1.000.000 de touristes et quelque 300 événements y sont organisés.

Jaarlijks bezoeken meer dan een 1.000.000 toeristen deze mijn en worden er ongeveer 300 evenementen georganiseerd.

UNDERWATER RESTAURANT MALDIVES

Dining with the fishes

The world's first underwater restaurant opened its doors on the 15th of April 2005 on Rangali Island in the Maldives. Ithaa – meaning 'pearl' in the Maldivian language Divehi – is made of 3 transparent acrylic arches 12.5 cm thick that give the visitor an unlimited view of the colourful coral reef and its inhabitants. The restaurant, that sits 5 metres beneath sea level at the bottom of the Indian Ocean, is 9-by-5 metres and seats 12 guests. It is reached via a spiral staircase within a covered pavilion at the end of a jetty. The kitchen is located above water. The waiting list for a place in this exclusive world grew so quickly, they decided that the restaurant would also open for lunch. The light is so bright at that time of the day that both guests and staff have to wear sunglasses to protect their eyes.

Le premier restaurant sous-marin du monde a ouvert ses portes le 15 avril 2005, aux abords de l'île de Rangali, dans les Maldives. Ithaa – qui signifie « perle » en Divehi, la langue locale – se compose de 3 tunnels enacrylique transparent, épais de 12,5 cm. Ils offrent au visiteur une vue infinie sur un récif corallien bigarré et sa faune. Le restaurant, qui repose à cinq mètres au-dessous du niveau de la mer, au fond de l'océan indien, s'étend sur une surface de 5 mètres par 9, offrant place à 12 couverts. On y descend par un escalier en colimaçon situé sous un pavillon couvert, à l'extrémité d'un ponton. La cuisine se trouve en surface. Le temps d'attente pour obtenir une table dans cet endroit exclusif n'est pas trop long, depuis que le restaurant sert également le midi. A cet instant de la journée, la lumière est si vive que le personnel et les clients doivent impérativement porter des lunettes afin de protéger leurs yeux du soleil.

's Werelds eerste onderwaterrestaurant opende zijn deuren op 15 april 2005 naast Rangali Island in de Maldiven. Ithaa – 'parel' in de Maldivische taal Divehi– bestaat uit 3 doorzichtige acryl bogen van 12,5 centimeter dik, die de bezoeker een onbegrensd zicht bieden op het kleurrijke koraalrif en haar bewoners. Het restaurant, dat 5 meter onder zeewaterniveau op de bodem van de Indische Oceaan rust, is 9 op 5 meter groot en biedt plaats aan 12 gasten. De zaak betreed je via een draaitrap in een overdekt paviljoen aan het einde van een steiger. De keuken bevindt zich boven water. De wachttijd voor een plekje in dit exclusieve oord werd al snel zo lang dat men besloot het restaurant ook open te stellen voor de lunch. Op dat moment van de dag is het er echter zo licht dat personeel en gasten zonnebrillen moeten dragen om hun ogen te beschermen.

ITHAA - CONRAD MALDIVES RANGALI ISLAND – P.O. BOX 2034, RANGALI ISLAND, 2034, MALDIVES - +960 668 0619 - MALDIVESINFO@CONRADHOTELS.COM -WWW.CONRADHOTELS.COM

Ithaa's house wine is champagne and the kitchen specialises in international and Maldivian-western fusion dishes.

A Ithaa, le vin maison est le champagne. Le restaurant mélange la cuisine internationale et des spécialités des Maldives occidentales.

De huiswijn van Ithaa is champagne en de keuken is gespecialiseerd in internationale en Maldivisch-westerse fusiongerechten.

The restaurant has an expected lifespan of 20 years.

La durée de vie prévue de ce restaurant est de 20 ans.

Het restaurant heeft een verwachte levensduur van 20 jaar.

RAINFOREST RESTAURANT MALAYSIA

Jungle dinner

Gulai House is a restaurant on the mystical island of Langkawi in the heart of a completely untouched piece of rainforest. It is situated 300 metres from the Andaman resort and can only be reached via an old bridge and narrow pathway lit by lanterns. Built in the traditional Malaysian Kampung style, the stilt house with a thatched roof is divided into 2 parts: a romantic inner section with special floor seating and an outdoor area with ordinary tables and chairs. The sumptuous green of the centuries old trees with enormous buttress roots envelops the restaurant and ensures that only the sounds of the jungle and the ocean remain audible whilst you enjoy your meal. Gulai House is considered one of the country's top restaurants and the kitchen offers a broad selection of authentic Malaysian and Indian tandoori dishes.

The Gulai House est un restaurant situé sur l'île mystique de Langkawi, au cœur d'un petit bout de forêt tropicale, resté intact. A 300 mètres de l'hôtel The Andaman, il n'est accessible que par un étroit sentier, éclairé aux lanternes, et par un vieux pont. Construit dans le style malaisien traditionnel Kampung, la maison sur pilotis au toit de paille est divisée en 2 parties : une partie intérieure romantique où l'on s'assoit à même le sol et une autre à ciel ouvert équipées de chaises et de tables. La végétation luxuriante des arbres centenaires, aux racines gigantesques, qui entoure le restaurant permet que seuls les bruits de la jungle et de l'océan soient audibles pendant que vous profitez du repas. The Gulai House est réputé être l'un des meilleurs restaurants du pays. Sa cuisine offre une large sélection de mets malaisiens authentiques ainsi que des tandooris indiens.

The Gulai House is een restaurant op het mystieke eiland Langkawi in het hart van een volstrekt ongerept stukje regenwoud. De zaak, gelegen op 300 meter van resort The Andaman, is enkel bereikbaar via een smal, met lantaarns verlicht paadje en een oude brug. Gebouwd in traditionele Maleisische Kampung-stijl, is de paalwoning met rieten dak onderverdeeld in 2 stukken: een romantisch binnen-gedeelte met speciale zitplaatsen op de grond, en een deel in openlucht met gewone tafels en stoelen. Het weelderige groen van de eeuwenoude bomen met enorme plankwortels omhult het restaurant en zorgt ervoor dat enkel de geluiden van de jungle en de oceaan hoorbaar blijven terwijl je van de maaltijd geniet. The Gulai House wordt beschouwd als een van 's lands toprestaurants en de keuken biedt een ruime selectie authentieke Maleisische gerechten en Indische tandoories.

THE GULAI HOUSE AT THE ANDAMAN - P.O. BOX 94, 07000 LANGKAWI, KEDAH DARUL AMAN, MALAYSIA - +604 959 1088 - RESERVATIONS@THEANDAMAN.COM – WWW.THEANDAMAN.COM

Nice detail: the menu is written in silver ink on the leaves of the mengkudu tree.

Détail amusant : le menu est écrit à l'encre argentée sur les feuilles d'un arbre, le mengkudu.

Leuk detail: het menu wordt met zilveren inkt geschreven op bladeren van de mengkuduboom.

CAVE RESTAURANT MEXICO

Subterranean palaces

This vast labyrinth of caverns, reservoirs and underground rivers, created by special geological circumstances and atmospheric changes, accommodates a unique lounge restaurant. Once used by the Maya as a place of shelter and ideal space in which to contact the underworld, Alux has now become a meeting place for tourists and hip residents. The establishment consists of a restaurant that can seat 150 people, a lounge bar designed for 110 guests, a private bar with space for 50 people, a VIP space that provides maximum privacy and a room used to stage events. In this fabulous interior of colourfully lit stalagmites and stalactites, you will be treated to pre-Spanish music and dance performances, while you sip your cocktail or enjoy the regional and international cooking.

Ce vaste labyrinthe de grottes, nappes phréatiques et rivières souterraines, créé par des conditions géologiques et changements atmosphériques particuliers, abrite un restaurant lounge unique, l'Alux. Jadis utilisé par les Mayas comme refuge, ce site idéal pour plonger dans le monde souterrain est aujourd'hui le lieu de rencontre des touristes et des habitants branchés. L'établissement comporte un restaurant pour 150 personnes, un bar lounge pouvant accueillir 110 clients, un bar privé d'une capacité de 50 personnes, un espace VIP assurant une discrétion maximale ainsi qu'un salon disponible pour des événements privés. Dans ce fabuleux décor de stalagmites et stalactites illuminés de couleur, vous serez accueillis en musique avec des danses ancestrales, tandis que vous siroterez un cocktail ou goûterez une cuisine régionale et internationale.

Dit labyrint van grotten, waterreservoirs en ondergrondse rivieren, ontstaan door speciale geologische omstandigheden en atmosferische veranderingen, biedt een onderkomen aan een uniek loungerestaurant. Ooit gebruikt door de Maya's als schuilplaats en ideale ruimte voor contacten met de onderwereld, is Alux nu een ontmoetingsplaats geworden voor toeristen en hippe inwoners. De zaak bestaat uit een restaurant met een capaciteit van 150 personen, een loungebar geschikt voor 110 mensen, een privébar met ruimte voor 50 personen, een vipruimte die maximale privacy biedt en een salon voor gebruik tijdens evenementen. In dit fabelachtige decor van kleurrijk verlichte stalagmieten en stalactieten, word je getrakteerd op muziek en pre-Spaanse dansvoorstellingen, terwijl je van je cocktail nipt of geniet van de regionale en internationale keuken.

RESTAURANT & LOUNGE ALUX - Av. Juárez, Mz. 217 Lote 2, Colonia Ejidal, Playa del Carmen, Quintana Roo, Mexico - +52 (984) 803 29 36 - cavernaalux@hotmail.com - http://aluxlounge.net/eng/index.html

Alux is also the home of 'Aluxob' - knee high little sprites from Maya mythology that really enjoy playing pranks.

Alux est aussi le domicile des 'Aluxes' farceurs, des créatures hautes comme trois pommes issues de la mythologie Maya.

Alux is ook de woonplaats van 'Aluxes', kniehoge wezentjes uit de Mayamythologie die enorm kunnen genieten van het uithalen van grapjes.

ROOFTOP RESTAURANT THAILAND

The world's highest outdoor restaurant

Sirocco not only earns the title of 'the world's highest outdoor restaurant' but we think that it can also call itself 'the restaurant with the biggest wow-factor in the world'. Situated on the 63rd floor of the The Dome at State Tower, Sirocco not only provides the visitor with a dazzling décor but also the most exclusive view over Bangkok. A dramatically lit staircase with glass banisters leads the guests via an enchanting fountain to a striking balcony, where the colourful Sky Bar is the main attraction. The intimately lit tables seat 150 people and the menu – designed by Stephen Dion, who was the King of Jordan's private chef for 2 years – specialises in exclusive Mediterranean dishes. Live jazz music played by internationally renowned musicians rounds off a perfect evening.

Sirocco mérite non seulement le titre du restaurant de plein air le plus haut du monde, mais nous le baptiserions volontiers le « restaurant doté du facteur waouh le plus élevé ». Situé au 63e étage du Dome at State Tower, le Sirocco offre au visiteur un décor époustouflant et un panorama exclusif sur Bangkok. L'escalier, spectaculairement illuminé et entouré de rambardes de verre, mène les clients, au-delà d'une fontaine féerique, à un surprenant balcon où le coloré Sky Bar tient la vedette. Les petites tables doucement éclairées accueillent jusqu'à 150 personnes et le menu – élaboré par Stephen Dion, qui fut pendant deux ans le chef privé du roi de Jordanie – se spécialise dans la cuisine méditerranéenne. Pour accompagner cette soirée d'exception, des musiciens reconnus jouent du jazz, en live.

Sirocco verdient niet enkel de titel 'hoogste openluchtrestaurant ter wereld', van ons mag deze zaak zichzelf gerust ook de naam 'het restaurant met de grootste wow-factor ter wereld' toedichten. Gelegen op de 63ste verdieping van The Dome at State Tower, biedt Sirocco de bezoeker niet enkel een oogverblindend decor, maar ook het meest exclusieve uitzicht over Bangkok. De dramatisch verlichte trap met glazen leuning leidt de gasten via een feeërieke fontein naar het opvallende balkon, waar de veelkleurige Sky Bar de hoofdrol speelt. De intiem verlichte tafeltjes bieden plaats aan 150 personen, en het menu - van de hand van Stephen Dion, die 2 jaar lang de privéchef was van de koning van Jordanië - is gespecialiseerd in exclusieve mediterrane gerechten. Live jazzmuziek gebracht door internationaal geroemde muzikanten maakt de avond helemaal af.

SIROCCO AT STATE TOWER - 63RD FLOOR, STATE TOWER, 1055 SILOM ROAD, BANGRAK, BANGKOK 10500, THAILAND - +66 2624 9555 - RESERVATIONS@THEDOMEBKK.COM - WWW.THEDOMEBKK.COM

This restaurant opened its doors in 2003 and quickly became one of the favourite meeting places of the international jetset.

Dès son ouverture en 2003, ce restaurant est devenu le lieu de rencontre préféré de la jet set.

Dit restaurant opende zijn deuren in 2003 en groeide prompt uit tot de favoriete ontmoetingsplaats van de internationale jetset.

ORTATION

ROTATING CABLE CAR
RESTAURANT SWITZERLAND

Somewhere between heaven and earth

In Sattel, Switzerland, you can gently sway between heaven and earth, enjoying a breathtaking 360° view, while feasting upon a delicious 5 course menu. The revolving gondolas of the Sattel-Hochstuckli AG cable car seat 8 people and at specific times in the summer they serve as a restaurant. The red carpet is laid out at the base station for the aperitif, a glass of red wine and a piece of creamy mountain cheese. Once seated in the gondola you are served the next course each time you pass the base station. All in all you make the trip from bottom to top 4 times. During and in between eating there is plenty to do and to see: you can relax into the gentle rocking sensation, enjoy the wooded surroundings and the lake or gaze at the one of the most beautiful sunsets you will ever experience.

Oscillant doucement entre ciel et terre, profitant d'une vue à couper le souffle à 360°, dans le Zwitserse Sattel vous vous régalerez d'un excellent menu à cinq plats. Les cabines tournantes du téléphérique Sattel-Hochstuckli AG, d'une capacité de huit personnes, servent de restaurant à certains moments de l'été. A la station de base, le tapis rouge est déroulé pour un apéritif constitué d'un verre de vin rouge et d'un savoureux morceau de fromage de montagne. Une fois installé dans la nacelle, la suite est livrée à chaque passage à la station de base. En tout, vous réalisez donc 4 fois le parcours. Durant et entre les plats il y a assez à faire et à voir : se laisser bercer, profiter du panorama verdoyant, de la vue sur le lac, ou profiter de l'un des plus beaux couchers de soleil qui soit.

Zachtjes zwevend tussen hemel en aarde, genietend van een adembenemend uitzicht van 360 graden, kan je in het Zwitserse Sattel smullen van een heerlijk 5-gangenmenu. De 8-persoons ronddraaiende cabines van kabelbaan Sattel-Hochstuckli AG doen op welbepaalde tijdstippen in de zomer immers dienst als restaurant. In het basisstation wordt de rode loper uitgerold voor het aperitief, dat bestaat uit een glaasje rode wijn en een smeuïg stukje bergkaas. Eenmaal gezeten in de gondel krijg je de volgende gang geserveerd telkens je het basisstation passeert. Al bij al maak je dus 4 maal de tocht naar boven en beneden. Tijdens en tussen het eten door valt er genoeg te doen en te zien: je kan je overgeven aan het zachte wiegende gevoel, genieten van de bosrijke omgeving en het meer, of je vergapen aan een van de mooiste zonsondergangen uit je leven.

You can choose from a dining arrangement, an aperitif arrangement or a VIP arrangement in a special gondola with a haute cuisine meal.

Vous avez le choix entre une formule dînatoire, un simple apéritif ou encore une formule VIP, dans une nacelle spéciale, avec de la haute cuisine.

Je kan kiezen uit een dineerarrangement, een aperitiefarrangement of een viparrangement in een speciale gondel met haute cuisine-maaltijd.

SATTEL-HOCHSTUCKLI AG - STUCKLI SKY DINING, P.O. BOX 36, 6417 SATTEL, SWITZERLAND – +41 41 836 80 80 – INFO@SATTEL-HOCHSTUCKLI.CH – WWW.SATTEL-HOCHSTUCKLI.CH

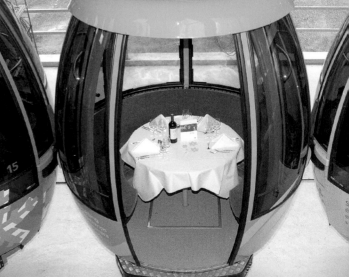

FERRY RESTAURANT THE NETHERLANDS

All aboard

This ferry, built in 1927, was used to transport foot passengers and motor vehicles across the river IJ until the end of the 1990s. After a short career as a cargo ship, the ferry boat was offered for sale as 'scrap iron' in Zaandam in 2004. René Langendijk saw possibility in this piece of shipping history and renovated it into a unique dining/entertainment opportunity with a special emphasis on cabaret, music and theatre. The appearance of the ferry has remained authentic: original details were restored and some elements have even been given a new function. The most striking change was to the roof that was fitted with glass panels on each side. In this way, the ferry looks totally at home in its unique mooring in Amsterdam's Houthavens (timber docks). The cooking is innovative and many dishes are prepared on an open fire.

Ce ferry de 1927 était emprunté jusqu'à la fin des années 90 par des piétons et des véhicules à moteur pour traverser la rivière IJ. Utilisé un court moment pour le transport de marchandises, le bac fut mis à la ferraille en 2004, à Zaandam. Identifiant le potentiel de ce témoin de l'histoire de la navigation, René Langendijk le transforma en un lieu de restauration unique, dédié au cabaret, à la musique et au théâtre. L'extérieur du bac est demeuré intact : les détails d'origine ont été restaurés et certains éléments ont même trouvé une nouvelle fonction. En revanche, une transformation radicale est intervenue, avec l'installation de verrières de part et d'autre du navire. Le bac a donc parfaitement trouvé sa place, amarré dans les Houthavens (anciens « dock au bois ») d'Amsterdam. La cuisine a conservé son caractère d'origine, avec des plats préparés au fourneau.

Deze veerboot uit 1927 werd tot eind de jaren '90 gebruikt voor het vervoer van voetgangers en motorvoertuigen over de rivier het IJ. Na een korte loopbaan als vrachtschip werd de pont in 2004 in Zaandam als 'oud ijzer' te koop aangeboden. René Langendijk zag de mogelijkheden van dit stukje scheepvaartgeschiedenis in en verbouwde het tot een unieke horecagelegenheid met aandacht voor kleinkunst, muziek en theater. Het uiterlijk van de pont is authentiek gebleven: originele details werden hersteld en sommige elementen hebben zelfs een nieuwe functie gekregen. Een opvallende verandering is de overkapping, die aan weerszijden voorzien is van een glazen pui. Als dusdanig hoort de pont volledig thuis op zijn unieke ligplaats in de Houthavens van Amsterdam. De keuken heeft een oorspronkelijk karakter, waarbij gerechten op een open vuur worden bereid.

CAFÉ / RESTAURANT PONT 13 - STAVANGERWEG 891, 1013 AX AMSTERDAM, THE NETHERLANDS – +31 20 770 27 22 – INFO@PONT13.NL – WWW.PONT13.NL

Sometimes Pont 13 sails to another location and brings its guests along.

Le Pont 13 navigue parfois, emmenant ses passagers vers d'autres destinations.

Soms vaart Pont 13 naar een andere locatie, en varen de gasten mee.

HORSE DRAWN
RESTAURANT AUSTRALIA

Ride and dine

On board The Slow Coach Dining Carriage you feel as though you've gone back in time to a bygone age. The antique carriage dates from 1890 and is drawn by 3 powerful Clydesdale horses; it can seat a maximum of 8 people who wish to dine in style. The wooden panels, lace curtains, cosy lighting and muted background music combined with fine porcelain, silver cutlery and luxurious table linen form the ideal décor for a romantic dinner 'on the road'. Along the way, you can enjoy the quiet little streets and imposing mountains of Healesville, situated in the heart of the Yarra Valley, Victoria's oldest wine growing region. The charming hostess provides impeccable service and the requisite background information during the trip. Those who feel so inclined may even take the coachman's place on the coach box and drive the horses.

A bord du The Slow Coach Dining Carriage on se croirait revenu à des temps lointains. Cette antique calèche de 1890, tirée par 3 robustes Clydesdale, offre place à 8 personnes désireuses de dîner avec style. Les panneaux en boiserie, les rideaux, la musique d'ambiance et une lumière tamisée, combinés à de la porcelaine fine et du linge de table luxueux, forment le décor idéal pour un dîner romantique 'on the road'. Au passage, vous admirerez les ruelles rustiques, les imposantes montagnes de Healesville, situées au cœur de la vallée de Yarra, le plus ancien vignoble de Victoria. Durant le voyage, une charmante hôtesse se charge d'assurer un service irréprochable et fournit toute l'information nécessaire. Ceux qui le souhaitent peuvent même prendre la place du cocher.

Aan boord van The Slow Coach Dining Carriage waan je je in ver vervlogen tijden. Deze antieke koets uit 1890 die getrokken wordt door 3 stoere Clydesdalepaarden biedt plaats aan maximum 8 personen die willen dineren in stijl. De houten panelen, kanten gordijntjes, sfeervolle verlichting en rustige achtergrondmuziek gecombineerd met het fijne porselein, zilveren bestek en luxeuze tafellinnen vormen het ideale decor voor een romantisch dinertje 'on the road'. Onderweg kan je genieten van de rustieke straatjes en imposante bergen van Healesville, gelegen in het hart van de Yarravallei, Victoria's oudste wijngebied. Tijdens de rondrit zorgt de charmante gastvrouw voor een onberispelijke bediening en de nodige achtergrondinformatie. Wie zich geroepen voelt, mag de plaats van de koetsier op de bok even innemen en de paarden mennen.

The meal is collected from local restaurants along the way. This way optimal quality and freshness is guaranteed.

Les repas proviennent de restaurants locaux. De quoi garantir une fraîcheur et une qualité maximale.

De maaltijden worden onderweg opgepikt bij lokale restaurants. Op die manier wordt optimale kwaliteit en versheid gegarandeerd.

THE SLOW COACH DINING CARRIAGE - CHUM CREEK ROAD, HEALESVILLE, VICTORIA 3777, AUSTRALIA - +61 412287615 - ENQUIRIES@SLOWCOACH.COM.AU - WWW.SLOWCOACH.COM.AU

TRAIN
RESTAURANT FRANCE

Dinner on the Orient Express

The roaming life of this beautifully restored carriage dating from 1927, that used to be part of the mythical Orient Express, came to an end when it stopped for the last time on the track between Saint-Lazare and Batignolles. Beautifully restored and converted into a restaurant, Le Wagon Bleu is a relic from a bygone age, when upper class ladies and gentlemen travelled the world by means of luxurious steam trains. The elegance of this era is retained in the interior, that has as much as possible been left intact: as revealed by the original royal blue velour seats and golden baggage racks. The restaurant not only includes the carriage itself, which seats 58 people but also a bar and a music lounge. It can accommodate up to 90 people and regular theme nights are organised.

Le vagabondage de cette magnifique voiture de 1927, qui appartenait autrefois au mythique Orient Express, a pris fin après son dernier arrêt entre Saint Lazarre et Batignolles. Superbement restauré et transformé en restaurant, Le Wagon Bleu témoigne des temps éloignés, lorsque l'aristocratie parcourait le monde dans de luxueux trains à vapeur. L'intérieur, qu'on a tâché de préserver, a conservé l'élégance de cette époque : ainsi le velours bleu d'origine fait toujours son office, tout comme les porte-bagages cuivrés. Le restaurant, qui peut accueillir 58 personnes, propose également un bar et un salon de musique. Jusqu'à 90 personnes peuvent y prendre place et des soirées à thème y sont régulièrement organisées.

Aan het zwerversleven van deze prachtig gerestaureerde treinwagon uit 1927, die vroeger deel uitmaakte van de mythische Oriënt Express, kwam een einde toen hij een definitieve standplaats kreeg langs het spoor tussen Saint-Lazare en Batignolles. Gerestaureerd en omgebouwd tot restaurant, is Le Wagon Bleu een relikwie van ver vervlogen tijden, toen dames en heren van stand de wereld afreisden met behulp van luxeueze stoomtreinen. De elegantie van dit tijdperk is behouden gebleven in het interieur, dat zoveel mogelijk intact gelaten werd: zo doet het originele koningsblauwe velours nog altijd dienst, net als de goudkleurige bagagerekken. Het restaurant omvat niet enkel het rijtuig zelf, dat plaats biedt aan 58 personen, maar ook een bar en een muzieksalon. De zaak kan tot 90 personen herbergen en er worden geregeld thema-avonden georganiseerd.

The menu features traditional French cuisine and the kitchen is highly regarded.

Le menu propose de la cuisine française traditionnelle, très bien notée.

Het menu is traditioneel Frans en de keuken staat hoog aangeschreven.

LE WAGON BLEU - 7 RUE BOURSAULT, 75017 PARIS, FRANCE - +33 1 45 22 35 25 – CONTACT@RESTAURANT-WAGON-BLEU.COM – WWW.RESTAURANT-WAGON-BLEU.COM

BUS RESTAURANT FRANCE

Doubledecker Dining

The young French chef Alexandre Soissons had long dreamt of opening an original restaurant. When a good friend put him on to the idea of renovating a bus into a restaurant he was immediately enthusiastic. After a long search in France, he eventually found his dream bus in Great Britain, where in 2005 they decided to retire the majority of the London Routemaster double-decker buses. Soissons converted his new acquisition into a restaurant with his own hands and also turned a London phone box into a convenient portable toilet. On the ground floor of the bus there is an American style kitchen and a small dining area for 6 people, whilst upstairs there is seating for 28 guests. The chef is currently looking for a fixed location and in the meantime he hires out his mobile restaurant for promotional stunts, parties and conferences.

Le jeune chef français Alexandre Soissons rêvait depuis longtemps d'ouvrir un établissement original. Lorsqu'un ami lui suggère de transformer un bus en restaurant, il s'enthousiasme immédiatement. Après de longues recherches en France, il finit par trouver le bus de ses rêves en Grande-Bretagne où, en 2005, on remisa la plus grande partie des Double Deckers de la London Routemaster. Soissons a transformé sa nouvelle acquisition de ses propres mains, réaffectant aussi une cabine téléphonique londonienne en toilettes ambulantes bien pratiques. Le rez-de-chaussée est équipé d'une cuisine américaine et d'une table pour six tandis qu'à l'étage, 28 clients peuvent s'asseoir. En attendant de trouver un emplacement fixe pour son bus, le chef loue son restaurant mobile pour des actions promotionnelles, des fêtes privées et des réunions.

De jonge Franse kok Alexandre Soissons droomde er allang van een origineel restaurant te openen. Toen een goede vriend hem het idee aan de hand deed om een bus te verbouwen tot restaurant, was hij dan ook meteen enthousiast. Na een lange zoektocht in Frankrijk vond hij zijn droombus uiteindelijk in Groot-Brittannië, waar men in 2005 net besloten had het grootste deel van de Londense Routemaster dubbeldekkerbussen met pensioen te sturen. Soissons bouwde zijn nieuwe aanwinst eigenhandig om tot restaurant en vormde meteen ook een Londense telefooncel om tot handig meeneemtoilet. De bus bevat op het gelijkvloers een Amerikaanse keuken en kleine eetzaal voor 6 personen, en biedt bovenin plaats aan 28 gasten. De chef is op dit moment nog op zoek naar een vaste standplaats en verhuurt zijn mobiele restaurant intussen voor promotiestunts, feestjes en vergaderingen.

ALEX'CELLENT SUR TOUTE LA LIGNE - 161 RUE DES CAPUCINS, 51100 REIMS, FRANCE - +33 6 88 35 12 67 — CONTACT.ALEXCELLENT@FREE.FR —HTTP://CONTACT.ALEXCELLENT.FREE.FR/

There are all sorts of salads, soups, stews, quiches and sweet things on the menu.

On trouve au menu toutes sortes de salades, de soupes, de pots au feu, tartes aux légumes ainsi que des douceurs.

Op het menu staan allerlei salades, soepen, stoofschotels, groententaarten en zoetigheden.

TRAM RESTAURANT NEW ZEALAND

Next stop: main course

The city of Christchurch in New Zealand, famous for its top class restaurants, relaxation opportunities, breathtaking views and cultural history, offers tourists and romantics the tram ride of their lives on board the Christchurch Tramway Restaurant. In the air conditioned, luxurious, colonial style dining tram, dining is not only a true pleasure but also a journey back in time. The personnel, dressed in impeccable vintage uniforms, serve guests with astonishing grace while the rocking vehicle, with a maximum capacity of 36 people, makes a culinary journey of discovery passing a great number of sights along a 2.5 kilometre track. The 4 and 5 course menus that are prepared on board form a unique selection of international cuisine.

La petite ville néo-zélandaise de Christchurch, réputée pour ses restaurant chics, son cadre relaxant, ses vues à couper le souffle et son héritage culturel, promet aux touristes et aux romantiques le voyage en tram de leur vie, à bord du Christchurch Tramway Restaurant. Dîner dans ce luxueux tram de style colonial équipé d'air conditionné, constitue un vrai délice, mais c'est aussi un voyage dans le temps. Le personnel, impeccable dans son uniforme d'époque, sert les clients avec une grâce étonnante tandis que le véhicule, d'une capacité maximale de 36 personnes, effectue chaque soir un parcours d'exploration culinaire, passant des dizaines de curiosités situées le long des 2,5 kilomètres de voies. Les menus à quatre et cinq plats préparés à bord constituent une sélection unique de la cuisine du monde.

Het Nieuw-Zeelandse stadje Christchurch, beroemd voor zijn klasserestaurants, ontspanningsmogelijkheden, adembenemende uitzichten en culturele erfenis, biedt toeristen en romantici de tramrit van hun leven aan boord van het Christchurch Tramway Restaurant. In de luxeuze, in koloniale stijl ingerichte dineertram met airco is dineren niet alleen een waar genot, maar ook een reis terug in de tijd. Het personeel, gekleed in onberispelijke vintage uniformen, bedient de gasten met verbazingwekkende gratie terwijl het wiegende voertuig, met een maximale capaciteit van 36 personen, elke avond een culinaire ontdekkingstocht maakt voorbij tientallen bezienswaardigheden gelegen langs het 2,5 kilometer lange spoor. De 4- en 5-gangenmenu's die aan boord klaargemaakt worden, vormen een eigenzinnige selectie uit de wereldkeuken.

Groups of 20 or more can book the tram restaurant for breakfast, lunch, morning or afternoon tea.

Les groupes à partir de 20 personnes peuvent réserver le restaurant pour le petit déjeuner, le déjeuner, le thé de onze heures ou de quatre heures.

Groepen vanaf 20 personen kunnen het tramrestaurant ook boeken voor een ontbijt, lunch, ochtendthee of vieruurtje.

CHRISTCHURCH TRAMWAY RESTAURANT - 7 TRAMWAY LANE, CHRISTCHURCH, NEW ZEALAND - +64 3 366 7511 - RESERVATIONS@TRAM.CO.NZ – WWW.TRAM.CO.NZ

GONDOLA
DINNER CRUISE AUSTRALIA

Italy down under

No other form of transport is as intrinsically linked with love as the Italian gondola. On board a similar little boat on the Australian Gold Coast not only can you enjoy the rocking sensation, the lapping sound and the closeness of your partner but at the same time you can also share a highly romantic meal. Even though these boats were inspired by Venetian gondolas, Gold Coast Gondolas are equipped with watertight cabins that because of their soundproof qualities also ensure absolute privacy. The comfortable interior, which can accommodate 6 people, is provided with sheepskin covered seats, fleecy blankets during the colder months and a table laid with flowers, a candle lantern and an ice bucket. A dinner cruise lasts for around an hour and a half and consists of a main course and dessert, a bottle of sparkling wine and a box of chocolates.

Aucun moyen de transport au monde n'est plus intrinsèquement lié à l'amour que la gondole vénitienne. Sur la Côte d'Or australienne, on peut se laisser bercer par le mouvement de ces embarcations et le murmure de l'eau, profiter de la proximité de son partenaire, mais aussi dîner de façon romantique. Bien qu'inspirées des gondoles vénitiennes, les barques de Gold Coast Gondolas sont équipées de cabines étanches et insonorisées, intimes à souhait. Six personnes peuvent prendre place dans ce confortable intérieur dont les sièges sont pourvus, durant la saison fraîche, de peaux de moutons et de plaids. Des fleurs, un photophore et un seau à glace complètent le décor. Un dîner sur les flots dure en moyenne une heure trente. Le repas est accompagné de vin pétillant et d'une boite de chocolats.

Geen enkel voertuig ter wereld is zo intrinsiek met liefde verbonden als de Italiaanse gondel. Aan de Australische Goudkust kan je aan boord van een dergelijk bootje niet enkel genieten van het wiegende gevoel, het kabbelende geluid en de nabijheid van je partner, maar ondertussen ook nog eens zeer romantisch dineren. Hoewel geïnspireerd door de Venetiaanse gondels, zijn de bootjes van Gold Coast Gondolas uitgerust met waterdichte cabines die door hun geluidsdichte eigenschappen meteen ook voor de nodige privacy zorgen. Het comfortabele interieur, dat tot 6 mensen kan herbergen, voorziet in schapenvelletjes op de zitjes, fleece dekentjes tijdens de koude maanden, en een gedekte tafel met bloemen, een windlicht en een ijsemmer. Een dinner cruise duurt gemiddeld anderhalf uur en omvat hoofdgerecht en dessert, een fles schuimwijn en een doos chocolaatjes.

Gondolas in Venice are not equipped for dining. Thus, the Australian gondola dinner cruises definitely fill a gap in the market!

À Venise, les gondoles ne sont pas équipées pour dîner. Les Australian Gondola comblent donc un vide sur le marché !

Gondels worden in Venetië niet ingezet voor dineertochtjes. De Australische gondola dinner cruises vullen dus een gat in de markt!

GOLD COAST GONDOLAS - BOOKINGS THROUGH GODO - +61 0800 555 031- ENQUIRY@GODO.COM.AU - WWW.GODO.COM.AU

DESIGN &
ENTERTAINMENT

MEDIC DESIGN
RESTAURANT SINGAPORE

Pills a gogo

Clinic, a cross between a club, a bar and a restaurant, wants to be the medicine that takes people to a new party high. The floor plan of the 1200 m² establishment was conceived as a mixture of syndromes and medication, each with its own atmosphere, colour, shape and side effects. You access Aurum restaurant via a hidden door behind a row of mortuary drawers in 'the morgue' or reception area with its stainless steel interior and glass façade. The restaurant, which opened at the end of 2006, is painted gold from floor to ceiling and decorated with reflective dots. Guests are seated in golden wheelchairs at clinically scrubbed operation tables with special drawers for napkins and cutlery, and from which there is a clear view of the stainless steel kitchen where dishes are prepared according to the laws of molecular gastronomy.

Clinic, au croisement du club, du bar et du restaurant, se veut être le remède pour guider les gens vers les nouvelles sphères de la fête. Les 1.200 m² de l'établissement se comprennent comme une série d'évocations à la médecine et aux maladies, chacune avec sa propre ambiance, couleur, forme et effets secondaires. On entre au restaurant Aurum par une porte dissimulée derrière les tiroirs d'une petite morgue, après être passé par un hall d'accueil en inox et sa façade de verre. Le restaurant, qui a ouvert en 2006, est peint en doré du sol au plafond et décoré de facettes réfléchissantes. Les clients peuvent prendre place dans des chaises roulantes dorées face à des tables d'opération aseptisées, équipées de tiroirs spéciaux pour les serviettes et les couverts. De là, ils ont une vue sur la cuisine en acier inoxydable, où sont préparés les repas suivant les préceptes de la gastronomie moléculaire.

Clinic, een kruising tussen een club, bar en restaurant, wil het medicijn zijn dat mensen tot nieuwe feesthoogten brengt. Het vloerplan van de 1.200 m² grote zaak is dan ook opgevat als een combinatie van medicijnen en ziektebeelden, elk met een eigen sfeer, kleur, vorm en bijwerkingen. Restaurant Aurum betreed je via een verborgen deur achter een rij lijkenlades in 'het lijkenhuisje', de ontvangstruimte met inox interieur en glazen façade. De zaak, die eind 2006 haar deuren opende, is van vloer tot plafond goud geschilderd en versierd met glanzende stippen. De gasten mogen plaatsnemen in gouden rolstoelen aan klinisch geboende operatietafels met speciale lades voor servetten en bestek. Van hieruit heb je een ongehinderd zicht op de roestvrijstalen keuken, waar gerechten worden bereid volgens de wetten van de moleculaire gastronomie.

AURUM AT THE CLINIC - THE CANNERY, CLARKE QUAY, SINGAPORE — INFO@THECLINIC.SG — WWW.THECLINIC.SG

In this 'medic chic' restaurant devoted to molecular gastronomy, the food is regularly served in syringes and metal test tubes.

Dans ce restaurant medic chic dédié à la gastronomie moléculaire, les plats sont souvent présentés dans des seringues et des tubes de métal.

In dit 'medic chic'-restaurant, gewijd aan de moleculaire gastronomie, wordt het voedsel regelmatig geserveerd in spuitjes en metalen tubes.

Behind the double doors is the black triangular dining room
Phobia. The door looks like a mirror from Aurum, but is see-
through from within Phobia.

*Derrière cette double porte se trouve la salle à manger triangu-
laire et noire, Phobia. D'Aurum, la porte semble être un miroir
mais de l'intérieur de Phobia, on voit tout.*

*Achter de dubbele deur ligt de zwarte driehoekige eetkamer
Phobia. De deur ziet eruit als een spiegel vanuit Aurum, maar is
doorzichtig vanuit Phobia.*

ROMAN RESTAURANT USA

Spend a night in bed

Exclusivity, originality and extravagance, that is what B.E.D. Miami aims to radiate. With an interior that mainly consists of gigantic mattresses, mountains of cushions, white chiffon curtains and cool light effects; a famous clientele including Paris Hilton, Will Smith and Gwen Stefani; and a menu that can be described as exceptional both in terms of composition and price, these goals are easily achieved. B.E.D. is strangely enough not a reference to the décor, which implies that dining takes place Roman style – lying down – but is an abbreviation of Beverage, Entertainment and Dining. The establishment seats 262 dinner guests and the sheets are changed and beds filled twice an evening. B.E.D. Miami is situated in the middle of South Beach's most lively entertainment district - something the restaurant capitalises on when it transforms into a hip nightclub after 11 pm.

Exclusivité, originalité et extravagance, voilà ce que veut dégager le B.E.D. Miami. L'intérieur se compose de matelas gigantesques, de montagnes de coussins, de rideaux en soie et d'effets de lumière relaxante. Le public compte des célébrités telles que Paris Hilton, Will Smith et Gwen Stefani. Le menu est exceptionnel tant au niveau de sa composition que de ses prix. Ce qui permet à B.E.D. d'atteindre ses objectifs. Etrangement, le nom du restaurant ne fait pas référence aux dîners allongés de la Rome antique, mais à l'abréviation de Beverage, Entertainment and Dining. L'établissement peut accueillir 262 clients et les lits sont changés et occupés deux fois par soir. B.E.D. Miami se trouve au centre du quartier le plus vivant de South Beach's, et contribue à animer cet endroit en se transformant dès 23 heures en un night-club branché.

Exclusiviteit, originaliteit en extravagantie, dat is wat B.E.D. Miami wil uitstralen. Met een interieur dat vooral bestaat uit gigantische matrassen, bergen kussens, witte chiffon gordijntjes en coole lichteffecten; een publiek dat beroemdheden telt als Paris Hilton, Will Smith en Gwen Stefani; en een menu dat zowel qua samenstelling als prijzen exceptioneel te noemen is, worden die doelstellingen probleemloos gehaald. B.E.D. slaat niet op het decor, dat impliceert dat er op Romeinse wijze - dus liggend - gedineerd wordt, maar is een afkorting voor Beverage, Entertainment and Dining. De zaak biedt plaats aan 262 dineergasten en de bedden worden 2 maal per avond verschoond en gevuld. B.E.D. Miami ligt midden in South Beach's uitgaansdistrict, en verzilvert die locatie door zich na 23.00 uur te transformeren in een hippe nacht-club.

B.E.D. MIAMI - 929 WASHINGTON AVENUE, MIAMI BEACH, MIAMI, FLORIDA 33139, UNITED STATES OF AMERICA - +1 305 532 9070 – WWW.BEDMIAMI.COM

B.E.D. was established in 1999 but was fully renovated in 2007. The kitchen specialises in fusion cuisine with Caribbean influences.

Le restaurant existe depuis 1999 et a été totalement rénové en 2007. La cuisine propose des spécialités fusion avec des influences des Caraïbes.

De zaak bestaat sinds 1999, maar werd in 2007 volledig vernieuwd. De keuken is gespecialiseerd in fusiongerechten met Caribische invloeden.

IN THE DARK FRANCE & UK

The true taste of food

Do you know the taste of tuna and white wine? In Dans Le Noir?, the darkened restaurant with branches in London and Paris, these 2 tastes are often confused with veal and red wine. The unusual experience of dining in the dark not only causes you to suspend your preconceptions about your fellow guests but it also leads to complete honesty where taste is concerned. Both branches have a lit bar and lounge and a dark dining room that is filled with 60 people twice an evening. Guests can make their choices from the menu in the bar but have to leave all potential light sources such as mobile phones, cigarettes and watches there and follow their blind waiter inside the restaurant. Even though, from that moment on, to enjoy the French influenced European cuisine your rely more on your sense of hearing, touch and smell it seems that darkness does not necessarily lead to messy eating.

Connaissez-vous le goût du thon et du vin blanc? Plongé dans l'obscurité du restaurant Dans Le Noir?, qui possède des filiales à Londres et Paris, il arrive de les confondre avec du veau et du vin rouge. Dîner dans le noir constitue une expérience à part, qui conduit non seulement à abandonner tous vos préjugés sur ceux qui dînent avec vous, mais aussi à une honnêteté absolue en ce qui concerne le goût. Chaque établissement comprend un lounge et un bar éclairé ainsi qu'une salle à manger obscure, qui accueille, deux fois par soir, 60 personnes. C'est au bar que les clients choisissent dans le menu, avant d'abandonner toute source potentielle de lumière - portable, cigarette ou montre - pour suivre leur serveur aveugle à l'intérieur. A partir de ce moment, ils ne peuvent se fier qu'à leur ouïe, odorat et goût, pour profiter d'un repas d'influence européenne et française, sans pour autant le renverser.

Ken jij de smaak van tonijn en witte wijn? In Dans Le Noir?, het verduisterde restaurant met filialen in Londen en Parijs, worden deze 2 namelijk wel eens verward met kalfsvlees en rode wijn. Dineren in het donker is dan ook een aparte ervaring, een die niet alleen leidt tot opschorting van vooroordelen over je medegasten, maar ook tot volstrekte eerlijkheid wat betreft smaak. Beide zaken omvatten een verlichte bar en lounge, en een donkere eetzaal die 2 maal per avond gevuld wordt met 60 personen. Gasten mogen in de bar hun keuze uit het menu maken, moeten daarna alle potentiële lichtbronnen zoals gsm's, sigaretten en horloges inleveren en hun blinde ober naar binnen volgen. Aangezien men vanaf dat moment meer voortgaat op gehoor, tast- en reukzin leidt de duisternis blijkbaar niet noodzakelijk tot geknoei met het eten, dat Europees is met Franse invloeden.

Waiters also lead guests to the (lit) toilets. In order to ensure everyone's safety, everything is filmed with infrared cameras.

Les serveurs accompagnent également les clients vers les toilettes, qui sont éclairées. Afin de sécuriser chacun, tout est filmé par caméra infrarouge.

De obers begeleiden de gasten ook naar de (verlichte) toiletruimte. Om eenieders veiligheid te waarborgen, wordt alles gefilmd met infraroodcamera's.

DANS LE NOIR? - 30-31 CLERKENWELL GREEN, LONDON EC1R 0DU, UK - +44 207 253 1100 - BOOKING@DANSLENOIR.COM & 51 RUE QUINCAMPOIX, 75004 PARIS, FRANCE - +33 1 42 77 98 04 - RESA@DANSLENOIR.COM - WWW.DANSLENOIR.COM

KARAOKE RESTAURANT USA

Eat. Drink. Be famous.

"If I can make it there, I'll make it anywhere." This phrase from New York, New York takes on new meaning thanks to this 4 floor, 2,000m² karaoke palace that puts all other karaoke bars and talent contests in the shade. Fake paparazzi accost you at the door and a record contract waits for you inside. If you choose to sing a number, you and your act are taken in hand by chorographers and stylists in the green room. After which it's straight to the stage, where a band and backing singers are waiting to make you sound like a star, whilst your performance is fed live onto the internet and a screen on Times Square. What with the 5 recording studios and the touchscreens that allow the public to comment on and rate your performance, you almost forget that this is actually a restaurant.

"If I can make it there, I'll make it anywhere." Cette phrase tirée de la chanson New York, New York prend un sens nouveau grâce à ce royaume du karaoké, qui s'étend sur 4 étages et 2.000 m². Tous les bars à karaoké et concours de chant du monde font pâle figure à côté. A l'entrée, on est assailli par des paparazzis et un contrat avec une maison de disque vous attend à l'intérieur. Une fois choisie votre prestation, des chorégraphes et des stylistes vous prennent en charge dans la green room. Ensuite, direction le podium où des musiciens et un choeur attendent de vous faire passer pour une star tandis que votre numéro est diffusé en direct sur internet et un grand écran de Times Square. Ajoutez-y cinq studios d'enregistrement et des écrans tactiles qui permettent au public de commenter et noter la prestation et on en oublierait presque que l'on est dans un restaurant.

"If I can make it there, I'll make it anywhere." Deze zin uit New York, New York krijgt een nieuwe betekenis dankzij dit 2.000 m² grote, 4 verdiepingen tellende karaokepaleis dat alle andere karaokebars en talentenjachten ter wereld doet verbleken. Aan de deur word je bestormd door nep-paparazzi en binnen ligt er een platencontract op je te wachten. Als je een nummer gekozen hebt, worden jij en je act in de green room onder handen genomen door choreografen en stylisten. Daarna ga je rechtstreeks naar het podium, waar een band en achtergrondkoor klaarstaan om je te doen klinken als een ster, terwijl je prestatie live doorgestuurd wordt naar het internet en het beeldscherm op Times Square. Tel daar nog eens 5 opnamestudio's bij en de touchscreens die het publiek in staat stellen om je prestatie te becommentariëren en van punten te voorzien, en je zou bijna vergeten dat dit eigenlijk een restaurant is.

SPOTLIGHT LIVE - TIMES SQUARE 1604, BROADWAY @49TH, NEW YORK, NEW YORK 10019, UNITED STATES OF AMERICA - +1 212 262 1111 - WWW.SPOTLIGHTLIVE.COM

The kitchen offers a creative interpretation of 'American comfort food' like fries, mini-hamburgers, cheesecake, ice-cream, pizza...

La cuisine propose une interprétation créative de l''American comfort food', telles que des frites, mini hamburgers, cheese-cakes, glaces, pizzas...

De keuken biedt een creatieve invulling van 'American comfort food', zoals frietjes, mini-hamburgers, cheesecakes, ijsjes, pizza's...

PERFORMANCE RESTAURANT MACAU

Fireworks, fountains and food

Il Teatro at the Wynn resort on the Chinese island of Macau strives to offer an experience that satisfies both physical and visual hunger. The restaurant was named Il Teatro – Italian for 'the theatre' – not only because the chefs give a daily example of their skills in the open kitchen that is shaped like a theatre, but also because the restaurant provides an uninterrupted view of the spectacular Performance Lake. This lake, filled with 3.6 million litres of water, contains 7 fire cannons, 200 fountain spouts and 1,000 individually controlled coloured lights. The infinite number of possible combinations of light, colour, water and fire results in an impressive spectacle that is capable of conveying a complex ensemble of rhythm and emotions. The music to which everything is choreographed varies from classical pieces to pop songs.

Il Teatro, au sein du complexe hôtelier Wynn-resort, sur l'île chinoise de Macao, offre une expérience qui comble votre faim de bon et de beau. Le restaurant a été baptisé Il Teatro – le théâtre, en italien. Non seulement parce que les chefs se laissent observer par les portes ouvertes de leur cuisine configurée en théâtre mais aussi en raison d'une vue sur le spectaculaire Performance Lake. Ce lac, qui contient 3,6 millions de litres d'eau, est équipé de sept lance-flammes, de 200 jets d'eau et 1.000 lampes de couleurs individuellement contrôlées. Les combinaisons infinies de lumières, couleurs, d'eau et de feu forment un impressionnant spectacle aux rythmes et aux émotions variées. La musique sur laquelle le tout est chorégraphié s'étend des morceaux classiques aux tubes populaires.

Il Teatro in het Wynn-resort op het Chinese eiland Macau streeft ernaar een ervaring aan te bieden die zowel de fysieke als visuele honger stilt. Het restaurant kreeg de naam Il Teatro - Italiaans voor 'het theater'- niet alleen mee omdat de chefs er dagelijks een staaltje van hun kunnen laten zien in de open keuken die de vorm heeft van een theater, maar ook omdat het restaurant een ongehinderd zicht biedt op het opzienbarende Performance Lake. Dit meer, gevuld met 3,6 miljoen liter water, bevat 7 vuurmonden, 200 fonteintuiten en 1.000 individueel gecontroleerde gekleurde lampjes. Het oneindig aantal mogelijke combinaties van licht, kleur, water en vuur resulteert in een indrukwekkend schouwspel dat in staat is om een complex geheel van ritmes en emoties uit te drukken. De muziek waarop dit alles gechoreografeerd wordt, varieert van klassieke stukken tot populaire nummers.

RISTORANTE IL TEATRO - 1/F, WYNN MACAU, RUA CIDADE DE SINTRA, NAPE, MACAU +853 8986 3663 – WWW.WYNNMACAU.COM

The establishment, which opened its doors at the end of 2006, has 38 tables, 2 private dining rooms, closed balcony spaces and a bar, and can entertain 158 guests.

Le restaurant a ouvert ses portes en 2006. Il compte 38 tables, 2 salles à manger privées, des balcons privés et un bar pouvant accueillir 158 clients.

De zaak, die eind 2006 zijn deuren opende, heeft 38 tafels, 2 private eetruimtes, besloten balkonruimtes en een bar, en kan 158 gasten ontvangen.

THEATRE RESTAURANT

Love, chaos & dinner

Teatro ZinZanni offers an enthusiastic combination of European cabaret, circus arts, interactive theatre, live music and a gastronomic 5 course meal in an exclusive interior. Le Palais Nostalgique and Le Moulin Rouge, the antique Belgian spiegeltents where the shows are performed, are 2 of only a handful of handmade Jugendstil spiegeltents from the 1920s that have remained fully intact. The first time the artistic director of the One Reel production company saw them he was so inspired that he created this magical dinner show. Since then, Teatro ZinZanni has garnered success for 8 years, 4 times a week in San Francisco and Seattle. The cast, which includes amongst its ranks folk singer Joan Baez and R&B singer Thelma Houston, also contains some of the world's best circus artists and musical performers.

Teatro ZinZanni combine le cabaret européen, l'art du cirque, le théâtre interactif, la musique live et un menu gastronomique de cinq plats, dans un décor exclusif. Le Palais Nostalgique et Le Moulin Rouge, les deux antiques spiegeltenten belges où se déroulent les spectacles, comptent parmi les rares kiosques à miroirs Jugenstiel construites dans les années 20 et toujours intactes. En les apercevant pour la première fois, le directeur artistique de la société de production One Reel a ressenti l'inspiration nécessaire pour créer ce dîner spectacle magique. Teatro ZinZanni rencontre depuis 8 ans un franc succès, 4 fois par semaine, à San Francisco et à Seattle. La troupe compte dans ses rangs, outre la chanteuse folk Joan Baez et la chanteuse R&B Thelma Houston, des artistes de cirque et des musiciens qui figurent parmi les meilleurs du monde.

Teatro ZinZanni biedt een begeesterende combinatie van Europees cabaret, circuskunsten, interactief theater, live muziek en een gastronomische 5-gangenmaaltijd in een exclusief decor. Le Palais Nostalgique en Le Moulin Rouge, de 2 antieke Belgische spiegeltenten waar de shows in plaatsvinden, behoren immers tot de weinige handgemaakte Jugendstil spiegeltenten uit de jaren '20 die volledig intact gebleven zijn. Toen de artistieke directeur van productiemaatschappij One Reel ze voor het eerst onder ogen kreeg, leverde dat genoeg inspiratie op voor de creatie van deze magische dinner show. Intussen oogst Teatro ZinZanni al 8 jaar lang 4 maal per week succes in San Francisco én Seattle. De cast, die onder meer folkzangeres Joan Baez en R&B zangeres Thelma Houston in haar rangen telt, bestaat dan ook uit 's werelds beste circusartiesten en muzikale performers.

TEATRO ZINZANNI - PIER 29 ON THE EMBARCADERO, SAN FRANCISCO, CALIFORNIA 94102, USA - TZSFBOXOFFICE@ONEREEL.ORG & 222 MERCER STREET, SEATTLE, WASHINGTON 98124, USA - DREAMS-INFO@ONEREEL.ORG - WWW.ZINZANNI.COM

The menu consists of 5 courses, within which there are 3 main courses to choose from. Food is included in the price, drinks and tips are not.

Le menu cinq services permet de choisir parmi trois plats principaux. Le repas est compris mais pas les boissons, ni les pourboires.

Het menu bestaat uit 5 gangen, waarbij vrij gekozen kan worden uit 3 hoofdgerechten. Het eten is inbegrepen in de prijs, drankjes en fooien niet.

ASTRONOMY RESTAURANT SOUTH AFRICA

Gastronomy meets astronomy

At The Observatory Restaurant in Aloe Ridge in the so called 'Cradle of Humankind', a world heritage site in South Africa, you can take part in real comet hunts and supernova searches. As it happens, the restaurant actually has 2 telescopes: a 25" Newtonian/ Cassegrain Bradford telescope (the largest professional telescope in amateur hands in the Southern hemisphere) and a 16" Meade LX200 telescope. Guests are invited, in between courses, table by table, to take a look through the 25" telescope. The 16" telescope, which is fitted with a CCD camera, is used mainly after dinner to show objects on a screen that are too distant to be seen by the human eye. According to reports, a short comet hunt or supernova search always causes quite a stir.

The Observatory Restaurant se situe en Afrique du Sud, à Aloe Ridge, dans le berceau de l'humanité. Sur ce site classé au patrimoine mondial, on participe à une véritable chasse aux comètes ou quête de supernovas. Le restaurant ne dispose « que » de deux télescopes : le 25" Newtonian / Cassegrain Bradford (le plus grand télescope professionnel appartenant à des amateurs dans l'hémisphère sud) et un 16" Meade LX200. Entre les services, les clients sont invités, table par table, à aller jeter un œil au télescope 25". Le télescope de 16", équipé d'une caméra CCD, est surtout utilisé en fin de repas afin de montrer, sur écran, les objets trop éloignés pour être aperçus à l'œil nu. A ce qu'on dit, une courte chasse à la comète ou une recherche de supernova se révèle aussi excitant qu'on l'imagine.

In The Observatory Restaurant in Aloe Ridge in de zogenoemde 'Wieg van de Mensheid', een werelderfgoedsite in Zuid-Afrika, kan je deelnemen aan heuse kometenjachten en supernovazoektochten. Het restaurant beschikt namelijk over maar liefst 2 telescopen: een 25" Newtonian/ Cassegrain Bradford telescoop (de grootste professionele telescoop in amateuristische handen in de Zuidelijke hemisfeer) en een 16" Meade LX200 telescoop. Tussen het serveren van de gerechten door worden de gasten tafel per tafel uitgenodigd om een blik door de 25" telescoop te werpen. De 16" telescoop, die is uitgerust met een CCD camera, wordt aangewend om objecten op een scherm weer te geven die te verafgelegen zijn om met het menselijke oog gezien te worden. Een korte kometenjacht of supernovazoektocht zorgt naar verluidt altijd voor de nodige opwinding.

OBSERVATORY RESTAURANT - Aloe Ridge Hotel, Beyers Naude Drive Extension, Muldersdrift, Gauteng, South Africa - +2711957 2070 - aloereservations@mweb.co.za - www.aloeridgehotel.com

SWING SEAT
RESTAURANT FRANCE

Poetry in motion

The name of this restaurant refers to the title of a famous fable by Jean de la Fontaine, about a fox that using flattery succeeds in tricking a piece of cheese from a raven who sits high in a tree. There is also something mythical about dining at Sur Un Arbre Perché. The inspired interior of this Parisian restaurant is dominated by a stylized white tree, with branches that fan out over the ceiling. Here you can either eat in one of the swing seats that are fixed to the ceiling with cables, or hidden in one of the comfortable wooden 'nests' that are fixed at various heights or deep in one of the cushion filled chairs. The lighting fixtures are made of wire that is shaped to look like birds nests. The service is young and efficient and the kitchen is fresh and inventive.

Le nom de ce restaurant évoque la célèbre fable de Jean de la Fontaine, où un renard réussit, par la flatterie, à chiper un fromage à un corbeau, pourtant haut perché dans son arbre. Dîner Sur Un Arbre Perché est une expérience féerique. Le décor de ce restaurant parisien, inspiré de la fable, met en scène un arbre blanc stylisé dont les branches se balancent jusqu'au plafond. Ici, on mange assis sur une balançoire accrochée au plafond, dans l'un des confortables nids de bois perchés à différentes hauteurs ou bien enfoncé dans un fauteuil pourvu de gros coussins. L'éclairage est réalisé à partir de fils qui sont assemblés de manière à ressembler à des nids. Le service est jeune et efficace, la cuisine fraîche et inventive.

De naam van dit restaurant slaat op de titel van een bekende fabel van Jean de la Fontaine, over een vos die er met behulp van vleierei in slaagt een raaf die hoog in een boom zit een stuk kaas te ontfutselen. Dineren in Sur Un Arbre Perché heeft dan ook echt iets fabelachtigs. Het geïnspireerde interieur van dit Parijse restaurant wordt bepaald door een witte gestileerde boom, met takken die tegen het plafond over de ruimte uitwaaieren. Eten doe je hier ofwel gezeten in een van de schommelstoelen die met kabels aan het plafond vastgemaakt zijn, verscholen in een van de gezellige houten 'nesten' die op verschillende hoogtes bevestigd zijn of weggezakt in een van de zetels die van dikke kussens voorzien zijn. De verlichting bestaat uit draden, die zo gevormd zijn dat ze op vogelnesten lijken. De bediening is jong en efficiënt, de keuken vers en inventief.

SUR UN ARBRE PERCHÉ · 1 RUE DU QUATRE SEPTEMBRE, 75002 PARIS, FRANCE · +33 1 42 96 97 01 — CONTACT@SURUNARBREPERCHE.COM — WWW.SURUNARBREPERCHE.COM

As a little extra, before or after your meal, you can have a professional massage in the shiatsu space that is situated above the dining room.

En extra, il est possible de se faire masser avant ou après le repas, dans l'espace shiatsu animé par des professionnels

Als extraatje kun je voor of na de maaltijd een professionele massage meepikken in de erboven gelegen shiatsuruimte.

CINEMA RESTAURANT USA

Films, food & fun

Foreign language films about far-away places and wilful, independent pictures are the ideal background for a romantic tête à tête. The management of Foreign Cinema, a French bistro in San Francisco, have understood this and so each evening at sunset they project an inspiring film onto the back wall of their delightful covered patio. Visitors can sit outside, inside by the hearth or upstairs in the mezzanine and enjoy the industrial setting and the daily changing Californian/Mediterranean menu. Those who wish to be closer to the film experience can also book the Director's Table in the projection room, a table for a maximum of 10 people that provides an unhindered view of the vintage 35mm projector, the film and the patio. You get the soft, characteristic hum of the projector thrown in for free.

Des films étrangers et des productions indépendantes...le décor idéal pour un tête à tête romantique. C'est ce qu'a bien compris la direction de Foreign Cinema, un bistrot français de San Francisco, qui projette chaque soir, à la nuit tombée, un film évocateur, sur le mur du patio couvert. Les clients peuvent prendre place à l'intérieur ou à l'extérieur, près du feu ou en mezzanine et profiter du décor industriel. Le menu méditerranéo-californien change tous les jours. Ceux qui veulent vivre de plus près l'expérience cinématographique peuvent d'ailleurs réserver la Director's Table. Une table pour dix maximum, dans la salle de projection, qui offre, en spectacle, le projecteur 35 millimètres, l'écran et le patio. Le faible ronronnement du projecteur, en prime.

Films in vreemde talen over ver-afgelegen oorden en eigenzinnige prenten vormen de ideale achtergrond voor een romantisch onderonsje. Foreign Cinema, een Franse bistro in San Francisco, heeft dat goed begrepen en projecteert dan ook iedere avond bij zonsondergang een inspirerende film op de achterste muur van haar gezellige overdekte patio. Bezoekers kunnen zowel buiten als binnen bij de haard of boven op de mezzanine plaatsnemen en genieten van de industriële setting en het dagelijks veranderende Californisch-mediterrane menu. Wie de filmvaring van nog iets dichterbij wil meemaken, kan overigens ook de 'Director's Table' boeken, een tafel voor maximum 10 personen in de projectiekamer, die een ongehinderd zicht biedt op de vintage 35mm-projector, de film en de patio. Het zachte, typische gebrom van de projector krijg je er gratis bij.

FOREIGN CINEMA – 2534 MISSION STREET, SAN FRANCISCO CA 94110, UNITED STATES OF AMERICA - +1 415 648 7600 – WWW.FOREIGNCINEMA.COM

SERVICE & FOOD

CULINARY ^{USA}
LABORATORY

Weird science

Edible menus, ingredients treated with liquid nitrogen, nutrients processed with a surgical laser... at Moto you can expect almost anything. The scientifically inspired degustation restaurant is dedicated to the avant-garde cuisine of Homaro Cantu, a chef who has been described as a cross between Willy Wonka and Salvador Dalì. The décor of the restaurant is consciously kept minimalist so that guests can concentrate on what really matters: the food. Cantu wants to push the boundaries of taste, texture and cooking techniques and shies away from nothing to do so. To do this he has developed, amongst other things, a food-replicator (converted printer) that can reproduce any flavour onto edible paper, aromatic utensils with corkscrew handles that contain herbs and a polymer cooking box that can cook food without a heat source.

Des menus comestibles, des ingrédients préparés à l'azote liquide, des aliments découpés au laser chirurgical... au Moto, vous pouvez vous attendre à tout. Ce restaurant de dégustation, d'inspiration scientifique, est dédié à la cuisine avant-gardiste de Homaro Cantu. Un chef que d'aucuns situe entre Willy Wonka et Salvador Dalì. Le décor du restaurant est resté volontairement minimaliste afin que les clients puissent rester focalisés sur l'essentiel : l'aliment. Cantu, qui veut repousser les frontières du goût, des textures et des techniques de cuisson, ne recule devant rien. Il a ainsi développé un duplicateur d'aliment (une imprimante améliorée) capable de reproduire du papier comestible aux saveurs adéquates, des couverts, dont les manches en forme de tire-bouchon peuvent contenir des aromates, ainsi que des boîtes en polymère capables de cuire des aliments, loin d'une source de chaleur.

Eetbare menu's, met vloeibare stikstof behandelde ingrediënten, met een chirurgische laser bewerkte voedingsstoffen... bij Moto kan je je aan alles verwachten. Dit wetenschappelijk geïnspireerde degustatierestaurant is gewijd aan de avant-garde keuken van Homaro Cantu, een chef die door sommigen een kruising tussen Willy Wonka en Salvador Dalì genoemd wordt. Het decor in het restaurant werd bewust minimalistisch gehouden om de gasten in staat te stellen zich te concentreren op wat écht telt: het voedsel. Cantu wil de grenzen van smaak, textuur en kooktechnieken verleggen, en deinst hierbij voor niets terug. Zo ontwikkelde hij o.a. een voedselreplicator (verbouwde printer) die eetbaar papier met eender welke smaak kan reproduceren, aromatisch bestek met kurkentrekkerhandvatten die kruiden kunnen bevatten en een polymeren doos die voedsel kan koken zonder warmtebron.

MOTO - 945 West Fulton Market Street, Chicago, Illinois 60607, United States of America - +1 312 491 0058 – www.motorestaurant.com

Within the image, the following text appears on the edible drawing:

Eat this and taste the elements of
mc escher's sea & sky
Confidential Property of and © H.Cantu. Patent
Pending. No further use or disclosure is permitted
without prior approval of H. Cantu

Surf & turf: swordfish, smoked mussels, chanterelles, duck confit, powdered duck fat and an edible drawing of M.C. Escher that tastes of seaweed.

Surf & turf : bar de mer, moules, fumées, chanterelles, canard confit, et purée de foie gras accompagnés d'une esquisse comestible de M.C. Escher au goût d'algue.

Surf & turf: zwaardvis, gerookte mosselen, canterellen, eendenconfijt, eendenvet in poedervorm en een eetbare schets van M.C. Escher die naar zeewier smaakt.

Sweet potato chainlink: an unbroken deep fried chain cut from a single sweet potato, served with sous vide cooked veal with heavy cream.

Sweet potato chainlink : une chaîne ininterrompue, découpée dans une seule pomme de terre frite et servie avec de la purée de patate douce et un lit de fenouil et de choux.

Sweet potato chainlink: ononderbroken gefrituurde ketting gesneden uit één enkele zoete aardappel, geserveerd met vacuümgekookt kalfsvlees met room.

Champagne with caviar: a butter poached king crab leg with brioche croutons, lemon crème fraiche, vanilla cured salmon roe salmon caviar and carbonated grapes. The edible substrate – the photo – is then placed on the tongue for a taste déjà-vu.

Champagne synthétique et caviar : pince de crabe pochée au beurre avec croûtons, crème fouettée au citron, caviar de saumon et raisins traités au dioxyde de carbone, et champagne lyophilisé. La photo est comestible et procure une sensation de déjà-vu.

Champagne met kaviaar: in boter gepocheerde krabbenpoot met croutons, citroenslagroom, zalmkaviaar en met koolstofdioxide behandelde druiven. Het eetbare substraat – de foto – leg je nadien op je tong voor een smaak-déjà-vu.

PRISON RESTAURANT ITALY

Mob story

In early 2006 Italian officials opened a restaurant that could well become the world's most exclusive establishment. Restaurant Fortezza Medicea, located in the chapel of a 500 year old prison, behind 20 metre high walls equipped with barbed wire, cameras and watchtowers, just cannot keep up with the rush of reservations. In any case, the background of potential guests is thoroughly checked and those who can get a seat must hand over their handbags and mobile phones, present their identity cards and undergo other security checks. Under the watchful eye of armed wardens, a team of 20 murderers and Mafiosi treat 120 guests per day to Southern Italian dishes of astounding quality. The initiative is part of a rehabilitation programme and is so popular that the government is considering adopting it in other prisons.

Plusieurs fonctionnaires italiens ont ouvert en 2006 un restaurant qui pourrait bien devenir le plus exclusif du monde. Le Fortezza Medicea est logé dans la chapelle d'une prison vieille de 500 ans, derrière une enceinte barbelée haute de 20 mètres. Protégé par des caméras et des miradors, il ne peut faire face à l'afflux des réservations. Ici, le profil des clients potentiels est soigneusement vérifié et celui qui est autorisé à entrer doit abandonner son portable et son sac, montrer sa carte d'identité et subir d'autres contrôles. Sous l'œil attentif de gardes armés, une équipe de 20 meurtriers et mafiosi régalent chaque jour 120 clients avec des plats de l'Italie du Sud, d'une qualité étonnante. L'initiative s'inscrit dans un programme de réinsertion. Elle est tellement populaire que le gouvernement envisage de l'appliquer à d'autres prisons.

Begin 2006 openden Italiaanse ambtenaren een restaurant dat wel eens zou kunnen uitgroeien tot 's werelds meest exclusieve zaak. Restaurant Fortezza Medicea, gelegen in de kapel van een 500 jaar oude gevangenis, achter 20 meter hoge muren voorzien van prikkeldraad, camera's en uitkijktorens, kan de toevloed aan reserveringen gewoonweg niet aan. De achtergrond van potentiële gasten wordt sowieso grondig gecheckt en wie een plaatsje kan krijgen, moet bij aankomst gsm en handtas inleveren, identiteitskaart voorleggen en meerdere controles ondergaan. Onder het waakzame oog van gewapende cipiers legt een team van 20 moordenaars en mafiosi dagelijks 120 bezoekers in de watten met Zuid-Italiaanse gerechten van een verbazingwekkende kwaliteit. Het initiatief kadert in een herscholingsprogramma en is zo populair dat de regering overweegt het ook in andere gevangenissen toe te passen.

Sommelier Santolo Matrone (see photo on the right) is serving a 24 year sentence for murder. He hopes to be able to apply his new skills when he is released in 7 years time.

Le sommelier Santolo Matrone (en photo à droite) purge une peine de 24 ans pour meurtre. Il espère faire usage de ses nouvelles compétences s'il est libéré, dans 7 ans.

Sommelier Santolo Matrone (zie foto rechts) zit een straf van 24 jaar uit voor moord. Hij hoopt zijn nieuwe vaardigheden te kunnen aanwenden als hij over 7 jaar vrijkomt.

FORTEZZA MEDICEA - VIA DEL CASTELLO, VOLTERRA, ITALY - +39 058 886 099

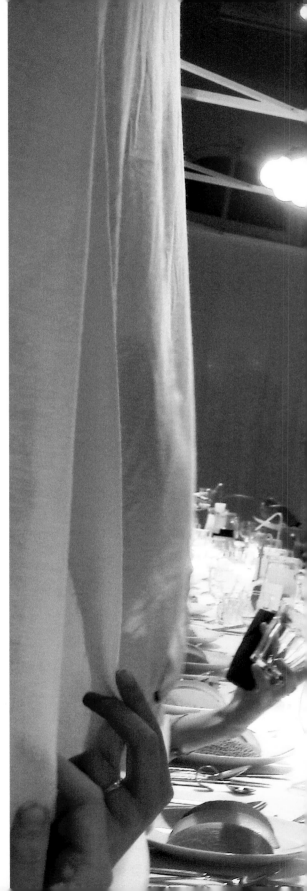

FOOD DESIGN RESTAURANT THE NETHERLANDS

Food for thought

Brightly coloured weapons made of sugar, minced carrots necklaces, appetizers in the shape of butterflies, edible bread plates – for food designer Marije Vogelzang not one food group is safe: everything that is edible can be used to create art. Vogelzang sees design as a constant experiment and evaluates each aspect of the design: origin of the ingredients, taste, colour, aroma, texture, cultural significance and emotional value. Proef has 2 branches: an eatery in Rotterdam for original, traditionally made food (open at breakfast, lunch and teatime) and a food design studio in Amsterdam. This studio, where Vogelzang works on food installations, total concepts and catering to measure, is open to the public in the summer. Guests at Proef are not just spectators, they are an essential part of the process: acting as guinea pigs.

Des armes en sucre aux couleurs vives, des colliers de carottes hachées, des bouchées en forme de papillon, des assiettes comestibles en pâte à pain – pour la créatrice alimentaire Marije Vogelzang, tout ce qui se mange peut être exploité pour créer de l'art. Vogelzang considère le design comme une expérimentation permanente et en scrute tous les aspects : origine des ingrédients, goût, couleur, odeur, texture, signification culturelle, valeur sentimentale. Le Proef compte deux filiales : un restaurant à Rotterdam pour un repas artisanal original (ouvert pour le petit-déjeuner, le déjeuner et le thé) et un bureau d'études à Amsterdam. Ce studio - où Vogelzang travaille à des installations comestibles, concept globaux et traiteur sur mesure - est ouvert les week-ends d'été au public. Les clients de Proef sont non seulement des observateurs, mais ils constituent aussi un élément essentiel de l'expérience : ils font office de cobayes.

Felgekleurde wapens gemaakt uit suiker, halssnoeren geregen uit gehakte wortels, hapjes in de vorm van vlinders, eetbare borden van brooddeeg – voor voedselontwerpster Marije Vogelzang is geen enkele voedselgroep veilig: alles wat eetbaar is, kan aangewend worden om kunst te maken. Vogelzang ziet design als een voortdurend experiment en evalueert elk aspect van het ontwerp: herkomst van de ingrediënten, smaak, kleur, reuk, textuur, culturele betekenis en gevoelswaarde. Proef telt 2 filialen: een eetzaal in Rotterdam voor origineel ambachtelijk eten (open voor ontbijt, middageten en theetijd) en een eetontwerpstudio in Amsterdam. Deze studio, waar Vogelzang werkt aan eetinstallaties, totaalconcepten en catering op maat, is 's zomers in het weekend open voor publiek. Gasten zijn bij Proef niet enkel toeschouwers, maar vormen een essentieel onderdeel: ze fungeren als proefkonijnen.

PROEF - Gosschalklaan 12, 1014 DC Amsterdam, The Netherlands - +31 20 6822656 - info@proefamsterdam.nl – www.proefamsterdam.nl & Mariniersweg 259, 3011 NM Rotterdam, The Netherlands - +31 10 2807297 - info@proefrotterdam.nl – www.proefrotterdam.nl

Whilst studying at the Design Academy in Eindhoven Vogelzang achieved great success with her white funeral meal.

Durant ses études à la Design Academy de Eindhoven, Vogelzang a remporté un franc succès avec son repas d'enterrement sur le thème du blanc.

Tijdens haar studie aan de Design Academy Eindhoven oogstte Vogelzang veel succes met haar witte begrafenismaaltijd.

During this dinner the hanging table cloths ensured that guests could not rely on outward appearances. Everyone received 2 half plates of the same thing and had to search for a complementary partner to swap with.

Au cours de ce dîner, la nappe suspendue visait à éviter que les clients se jugent à l'apparence. Chacun a reçu deux demi-assiettes garnies du même plat et a dû trouver un partenaire complémentaire pour un échange avec lui.

Tijdens dit diner zorgde het opgehangen tafelkleed ervoor dat de gasten niet op uiterlijkheden konden afgaan. Iedereen kreeg 2 halve borden met hetzelfde en moest op zoek gaan naar een complementaire partner om mee te ruilen.

At a war remembrance, Vogelzang made little snacks using the very few ingredients that were still available during World War II.

Pour une commémoration de la guerre, Vogelzang a réalisé de petits snacks, faits des quelques ingrédients encore disponibles durant la Deuxième Guerre mondiale.

Voor een oorlogsherdenking maakte Vogelzang kleine snacks, gemaakt van de weinige ingrediënten die tijdens WOII nog te krijgen waren.

KID'S RESTAURANT

Move over for the mini chef

For more than 25 years children who want to do more than lick the bowl and dry the dishes have been coming to the Kinderkookkafé, to cook, bartend, serve, write menus, clear tables and settle up. The fact that the meals have to be ready on time and look nice, that the service needs to be smooth and drink orders correctly noted, ensures that the kids are extra motivated and take pleasure in their work. Groups of children aged 5 and up can take over the kitchen for dinners, high teas and lunches but the help-yourself buffet is open daily for mini-chefs with (grand) parents and on certain days, everyone can take a turn individually as a cook. Three adult volunteers ensure the course of events runs smoothly in the cheerfully decorated establishment that 2 years ago settled on a great location in the Vondelpark.

Cela fait plus de 25 ans que les enfants désireux de faire davantage qu'essuyer la vaisselle et lécher le bol viennent au Kinderkookkafé. Ils y cuisinent, assurent le service bar, servent à table, rédigent les menus, débarrassent et effectuent les additions. Du fait que les repas doivent être prêts à temps et être appétissants, que le service doive suivre et que les commandes de boissons correctement prises, les enfants tirent beaucoup de plaisir et de motivation à leur occupation. Des groupes d'enfants à partir de cinq ans peuvent investir les mini cuisines pour les dîners, high tea's et les déjeuners. Le bar, en libre service, est également ouvert tous les jours pour les mini chefs et leur (grand-)parents et, à des dates précises, chacun peut devenir chef. Trois adultes volontaires s'assurent de la bonne marche des affaires dans cet établissement joyeusement coloré qui, depuis deux ans, est installé dans un lieu de choix, le parc de Vondel.

Al meer dan 25 jaar kunnen kinderen die meer willen dan alleen maar afdrogen en de deegkom uitlikken in het Kinderkookkafé komen koken, barkeepen, bedienen, menukaarten schrijven, afruimen en afrekenen. Het feit dat de maaltijden op tijd klaar moeten zijn en er lekker horen uit te uitzien, dat de bediening vlot dient te verlopen en de drankjes correct genoteerd moeten worden, zorgt ervoor dat de kids extra gemotiveerd zijn en plezier beleven aan hun bezigheden. Groepjes kinderen vanaf 5 jaar kunnen de minikeuken inpalmen voor diners, high tea's en lunches, maar ook de help-jezelf-bar is dagelijks open voor minichefs met (groot)ouders, en op bepaalde data kan iedereen als individuele kok aan de slag. Drie volwassen vrijwilligers zorgen voor een goeie gang van zaken in de vrolijk gekleurde zaak, die sinds 2 jaar is neergestreken op een toplocatie in het Vondelpark.

The menu varies and regularly contains vegetarian and foreign dishes.

La carte est changeante et propose des plats végétariens et étrangers.

De kaart is wisselend en bevat geregeld vegetarische en buitenlandse gerechten.

KINDERKOOKCAFÉ - Vondelpark 6b a/h Kattenlaantje, Overtoom 325 - 1071 AA Amsterdam, The Netherlands - +31 20 6253257 - info@kinderkookkafe.nl - www.kinderkookkafe.nl

AUTOMATED
RESTAURANT GERMANY

The rollercoaster experience

In this German restaurant, opened in 2007, you don't have to go to the trouble of persuading a waiter to come and take your order. Instead you make your choice via the touchscreen computer, after which your meal or drink is brought directly to your table via a kind of roller coaster. The patented system, which makes use of gravity, was invented by Michael Mack, an enthusiastic amateur chef who was fed up with racing back and forth between his oven and dining room. The management claims the system is not only economical and efficient but it also increases customer comfort. They see the large number of visitors as proof of this: those who would like a table in the evening need to reserve early. They also hope to be able to start the worldwide expansion of a franchise network in the near future.

Dans ce restaurant allemand ouvert en 2007, pas la peine d'essayer de convaincre un serveur de venir prendre votre commande. Tapotez plutôt votre choix sur l'écran tactile face à vous : votre repas ou votre boisson atterriront directement sur votre table, portés sur une sorte de rail. Le système ingénieux, qui exploite la pesanteur, est une trouvaille de Michael Mack, chef inventif, las d'effectuer le va-et-vient entre ses fourneaux et la salle à manger. La direction affirme que, non seulement le système est efficace et économique, mais que le confort des clients s'en trouve même amélioré. Ils en veulent pour preuve les chiffres de fréquentation : pour obtenir une table, le soir, il faut s'y prendre à l'avence. On espère voir ce concept s'internationaliser rapidement au travers d'un réseau de franchisés.

In dit in 2007 geopende Duitse restaurant hoef je geen moeite te doen om een ober te overhalen je bestelling te komen opnemen. In plaats daarvan voer je je keuze gewoon in via de touchscreen computer, waarna je maaltijd of drankje via een soort achtbaan rechtstreeks naar je tafel zoeft. Het gepatenteerde systeem, dat dankbaar gebruik maakt van de zwaartekracht, is een uitvinding van Michael Mack, een enthousiaste hobbykok die het beu was om heen en weer te racen tussen zijn fornuis en zijn eetkamer. Het management beweert dat het systeem niet alleen kostenbesparend en efficiënt is, maar tevens het comfortniveau van de gasten verhoogt. In de hoge bezoekerscijfers zien ze hiervan een bewijs: wie 's avonds een tafeltje wil, moet al vroeg reserveren. Men hoopt dan ook snel van start te kunnen gaan met het wereldwijd uitbouwen van een franchisenetwerk.

'S BAGGERS® GMBH - AM STEINACHER KREUZ 28, 90427 NUREMBERG, GERMANY - +49 911 477 90 90 - WWW.SBAGGERS.DE

There are Frankish specialities and original low fat dishes made with Frankish ingredients.

Au menu figurent de spécialités franciques et des plats originaux à base d'ingrédients franciques, allégés en graisse.

Op het menu staan Frankische specialiteiten en originele gerechten op basis van Frankische ingrediënten met een laag vetgehalte.

SMALLEST RESTAURANT ITALY

The smallest restaurant in the world

Ready for the ultimate indulgence? Step inside the smallest restaurant in the world, which only seats 2 people: you and your partner. Everything revolves around your enjoyment and you can sense this immediately. Many details are established when you make a reservation, such as the menu, the lettering on the cake, the music, the message in the bouquet and your time of arrival. The door opens at the agreed time and reveals the candle lit entrance. Once inside you can admire the remains of the Roman poet Horatio's villa, relax in the garden with a view of the valley or enjoy the open fire with an aperitif. When you are ready for the meal, you inform the waiter with the help of a silver bell, whereupon the lights are dimmed and a gastronomic meal made with fresh, seasonal ingredients is served.

Etes-vous prêt pour la récompense ultime? Entrez dans le plus petit restaurant du monde, qui offre 2 places seulement : pour vous et votre partenaire. Tout est pensé pour votre plaisir et cela se remarque instantanément. Dès la réservation, une série de détails sont réglés tels que le menu, l'inscription sur le gâteau, la musique, le message accompagnant le bouquet et l'heure d'arrivée. La porte s'ouvre à l'heure dite, sur une allée éclairée aux bougies. Une fois entrés, vous pourrez admirer les vestiges de la villa romaine du poète Horace, vous relaxer dans un jardin offrant une vue sur la vallée ou profiter d'un apéritif au coin du feu. Lorsque vous serez prêts à passer à table, vous le ferez savoir au serveur au moyen d'une clochette en argent. Dans une lumière tamisée, le repas gastronomique préparé à base d'ingrédients de saison, vous sera alors servi.

Klaar voor de ultieme verwennerij? Treed binnen in het kleinste restaurant ter wereld, dat slechts plaats biedt aan 2 mensen: je partner en jij. Alles staat in het teken van jullie genot en dat merk je meteen. Bij reservatie worden er reeds heel wat details vastgelegd, zoals het menu, het opschrift op de taart, de muziek, de boodschap bij het boeket en het uur van aankomst. De poort gaat op het afgesproken tijdstip open en biedt zicht op de met kaarsen verlichte inrit. Eenmaal binnen kan je de overblijfselen van de villa van de Romeinse dichter Horatius bewonderen, relaxen in de tuin met zicht op de vallei of bij het haardvuur genieten van een aperitief. Als je klaar bent voor de maaltijd, verwittig je de ober met behulp van een zilveren belletje, waarna het licht gedimd wordt en de gastronomische maaltijd, gemaakt met verse seizoensingrediënten, geserveerd wordt.

Upon request, Solo per Due can provide a limousine or a Ferrari for the drive to Vacone or a personalised firework display.

Solo per Due fournit, sur demande, une limousine ou une Ferrari pour effectuer le voyage vers Vacone ou encore un feu d'artifice personnalisé.

Op aanvraag voorziet Solo per Due in een limousine of Ferrari voor de rit naar Vacone of in een gepersonaliseerd vuurwerk.

SOLO PER DUE - VIA VILLA DI ORAZIO 2, 02040 VACONE, ITALY - +39 0746 676873 – INFO@SOLOPERDUE.IT - WWW.SOLOPERDUE.COM

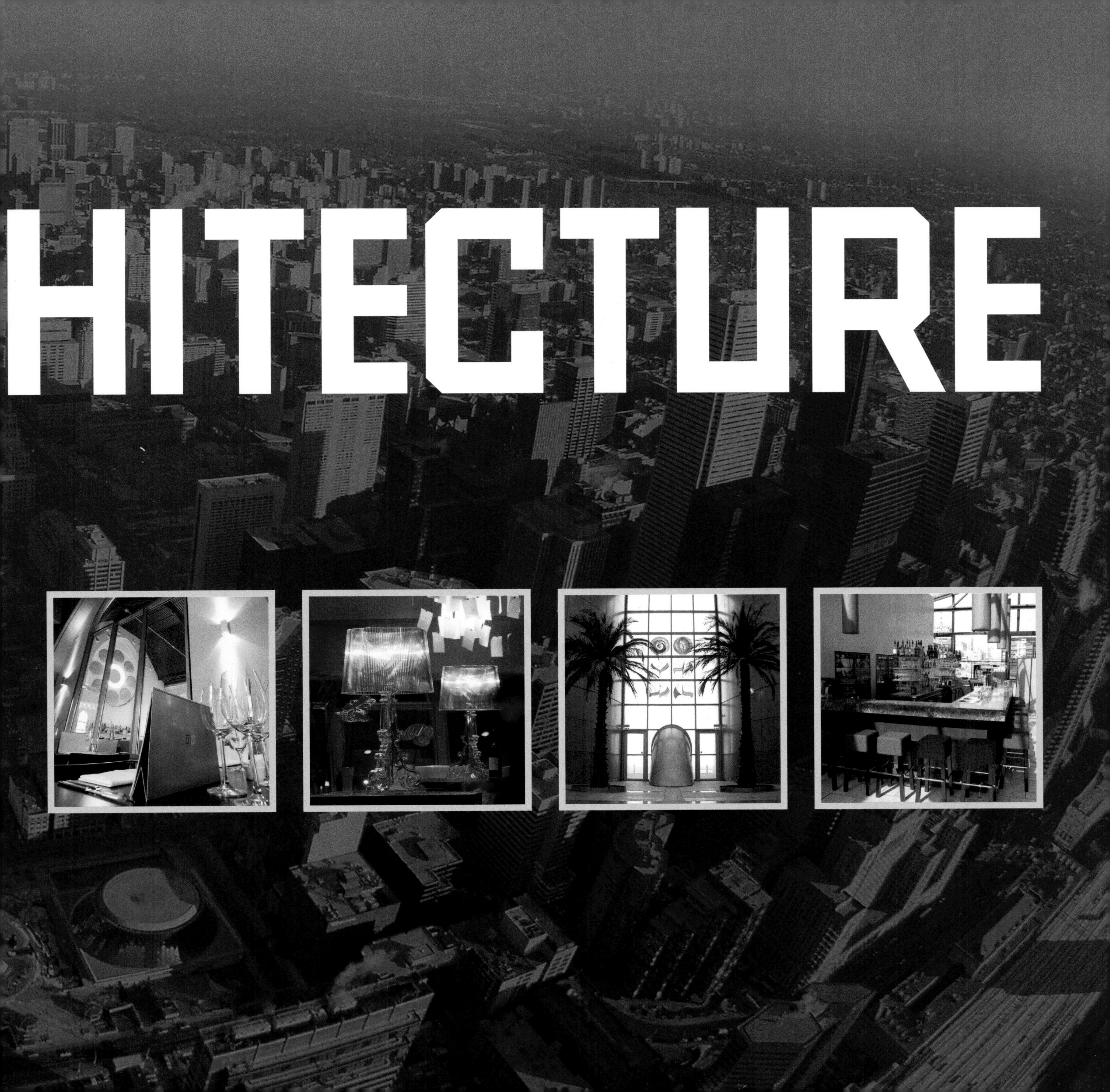
HITECTURE

ROTATING RESTAURANT

CANADA

Somewhere between heaven and earth

The winning combination at 360, the restaurant at the top of the CN Tower, is an excellent kitchen and an unrivalled view. At a height of 553.33 metres, the world's tallest tower is not only an important telecommunications centre but also the most popular tourist attraction in Toronto. In the restaurant, guests can enjoy an all-encompassing view over the city from a comfortable chair: it takes 72 minutes to rotate 360° on its axis. The restaurant specialises in market fresh dishes made with local ingredients and takes pride in having the world's highest wine cellar. A few interesting facts: in 2006 the tower celebrated its 30th birthday, it is visited by more than 2 million people each year, lightning strikes the tower on average 75 times a year and on a clear day from the highest point you can see 160 kilometres into the distance.

Une cuisine remarquable et une vue inégalée sont les atouts du 360, le restaurant chapeautant la CN Tower. D'une hauteur de 553,33 mètres, la plus haute tour du monde n'est pas seulement un important centre de télécommunication, mais aussi une attraction touristique à Toronto. Confortablement assis, les clients du restaurant peuvent apprécier une vue complète sur la ville : en 72 minutes, le 360 effectue un tour complet sur son axe. L'établissement est spécialisé dans les plats élaborés selon le marché du jour avec des ingrédients locaux. Il peut se targuer de posséder la cave à vin la plus « élevée » du monde. Bon à savoir : en 2006, la tour a fêté ses 30 ans d'existence. Deux millions de visiteurs la fréquentent chaque année. L'éclair la frappe 75 fois par an et par temps clair, on peut voir à 160 kilomètres de distance.

Een voortreffelijke keuken en een ongeëvenaard uitzicht, dat zijn de troeven van 360, het restaurant bovenin de CN Tower. Met een hoogte van 553,33 meter is 's werelds hoogste toren niet enkel een belangrijk telecommunicatiecentrum maar tevens de belangrijkste toeristische trekpleister van Toronto. In het restaurant kunnen gasten vanuit hun comfortabele stoel genieten van een allesomvattend zicht over de stad: in 72 minuten tijd draait 360 immers volledig rond zijn as. De zaak is gespecialiseerd in marktverse gerechten met lokale ingrediënten, en kan prat gaan op 's werelds hoogste wijnkelder. Enkele leuke weetjes: de toren vierde in 2006 zijn 30-jarig bestaan, hij wordt jaarlijks bezocht door meer dan 2 miljoen mensen, de bliksem slaat er gemiddeld 75 keer per jaar op in, en op heldere dagen kan je vanaf het hoogste punt 160 kilometer ver kijken.

360 - CN Tower, 301 Front Street West, Toronto, Ontario M5V 2T6, Canada – +1 416 362 5411 - www.cntower.ca

On one particular record day 360 succeeded in serving as many as 1,855 meals.

Le 360 a réussi un jour à servir le nombre record de 1.855 couverts.

Op één welbepaalde recorddag slaagde 360 erin maar liefst 1.855 maaltijden te serveren.

UFO
RESTAURANT SLOVAKIA

Aliens with style

The Bridge of the Slovak National Uprising was built over the Danube between 1967 and 1972 and accommodates one the most exciting restaurants in Bratislava. The flying saucer shape of UFO watch.taste.groove. towers high above the city at the top of the only pylon on the 431 metre long bridge. The A-shaped construction houses in one leg a staircase with 430 steps and in the other there is a lift that takes a mere 45 seconds to bring you to the top. This was the world's first asymmetric suspension bridge. It has 2 levels with 2 footbridges and a bridge for motorised traffic. In the restaurant, at a height of 85 metres, you are on the same level as Bratislava castle and as if that wasn't enough, there is also an observation deck 10 metres higher that has the best view in the city.

Le Bridge of the Slovak National Uprising, érigé entre 1967 et 1972 au-dessous du Danube, abrite l'un des restaurants les plus exaltants de Bratislava. En forme de soucoupe volante, le UFO watch.taste.groove. plane au-dessus de la ville, au sommet de l'unique pylône de ce pont long de 431 mètres. Cette construction en forme de A cache dans l'un de ses piliers, un escalier de 430 marches, et dans l'autre, un ascenseur qui vous amène tout en haut, en 45 petites secondes. Il s'agit du premier pont asymétrique suspendu au monde. Il compte deux niveaux, avec un pont piétonnier et un pont pour les véhicules motorisés. A 85 mètres de hauteur, vous vous situez à la même altitude que le château de Bratislava. Et comme si cela n'était pas suffisant, un pont d'observation, dix mètres plus haut, offre la meilleure vue de la ville.

De Bridge of the Slovak National Uprising die tussen 1967 en 1972 over de Donau opgetrokken werd, herbergt een van de meest opwindende restaurants van Bratislava. De vliegende schotelvorm van UFO watch.taste.groove. torent hoog uit boven de stad in de top van de enige pyloon die de 431 meter lange brug rijk is. Deze A-vormige constructie verbergt in de ene poot een trap van 430 treden en in de andere een lift die je in een luttele 45 seconden naar boven brengt. Dit was 's werelds eerste asymmetrische hangbrug. Ze bestaat uit 2 niveaus met 2 voetgangersbruggen en een brug voor gemotoriseerd verkeer. In het restaurant, op 85 meter hoogte, zit je op hetzelfde niveau als het kasteel van Bratislava, en alsof dat nog niet genoeg is, biedt het 10 meter hoger gelegen observatiedek het beste uitzicht dat de stad rijk is.

UFO WATCH.TASTE.GROOVE. - MOVÝ MOST 1, BRATISLAVA, SLOVAKIA - +421 262520300 - WWW.REDMONKEYGROUP.COM - HTTP://WWW.U-F-O.SK/EN/

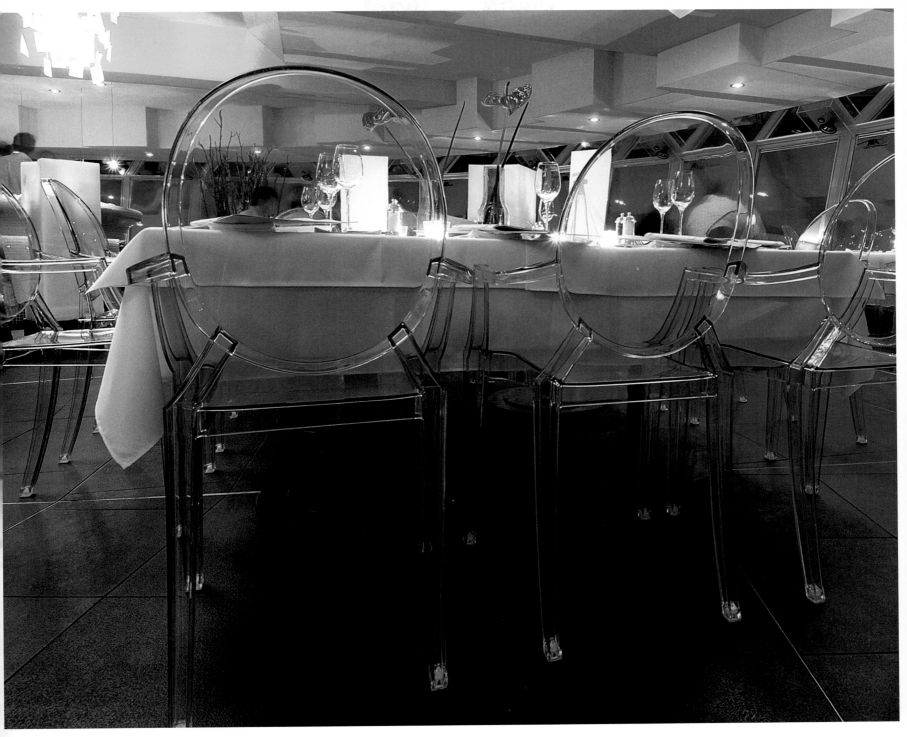

The restaurant was given a modernised, futuristic look in 2005, can accommodate 70 people and offers a menu that brings together the best of Mediterranean and Asian cooking.

Le restaurant, qui peut accueillir 70 personnes, a reçu en 2005 un nouveau décor futuriste et son menu combine le meilleur des cuisines méditerranéenne et asiatique.

Het restaurant, dat 70 personen kan herbergen, kreeg in 2005 een vernieuwd, futuristisch design en biedt een menu dat het beste uit de mediterrane en Aziatische keuken met elkaar verenigt.

CISTERN RESTAURANT TURKEY

Anno 500

Close to the Hagia Sophia, in a Roman cistern that is as old as the former cathedral, lies one of the most unusual restaurants in Istanbul. This structure, with its 6 massive stone columns and 10 metre high brick ceiling, stands opposite a row of houses and together they form the narrow lane that runs between the walls of the Topkapi Palace and the Hagia Sophia. In 1986, The Turkish Touring and Automobile Association transformed what were ruins into guest houses and turned the cistern, which was being used as a car workshop, into a restaurant. The floor is actually 7 metres lower than street level but investigations have revealed that the columns definitely continue another 3 metres deeper. With the exception of the hearth, everything is authentic. Lit only by the light of hundreds of candles in wrought iron candlesticks, the restaurant seats 110 people.

Près de l'Aya Sofya, dans une citerne romaine aussi vieille que la cathédrale, loge le restaurant le plus original d'Istanbul. L'édifice présente six piliers massifs et un plafond de briques, haut de dix mètres. Il se trouve à l'entrée d'une impasse étroite bordée de petites maisons, entre les murs du Palais Topkapi et l'Aya Sofya. Le TTOK, le touring club turc, a transformé ces ruines en 1986 en maisons d'hôtes et le réservoir, qui jusque là servait de garage, en restaurant. Le sol se trouve à sept mètres en dessous du niveau de la rue mais des fouilles ont montré que les piliers se prolongeaient encore trois mètres plus bas. A l'exception de la cheminée, tout est authentique. Eclairé seulement aux bougies, par centaines, dans des chandeliers en fer forgé, le restaurant peut accueillir 110 personnes.

Vlak naast de Aya Sofya, in een Romeins waterreservoir dat even oud is als deze voormalige kathedraal zelf, ligt het meest ongewone restaurant van Istanbul. Dit bouwwerk, met zijn 6 massieve stenen zuilen en 10 meter hoge bakstenen plafond, staat vooraan een rij huisjes die samen een nauwe steeg vormen, gelegen tussen de muren van het Topkapipaleis en de Aya Sofya. De Turkse bond voor toerisme en automobilisme vormde de bouwvallen in 1986 om tot gasthuizen en maakte een restaurant van het waterreservoir, dat op dat moment gebruikt werd als autowerkplaats. Het niveau van de vloer ligt 7 meter onder straatniveau, maar onderzoek heeft uitgewezen dat de zuilen nog zeker drie meter lager doorlopen. Met uitzondering van de haard is alles authentiek. Slechts verlicht door honderden kaarsen in smeedijzeren kandelaars, biedt het restaurant plaats aan 110 personen.

SARNIÇ RESTAURANT - Soğukçeşme Sokağı, 34122 Sultanahmet, Istanbul, Turkey - +90 212 512 42 91 – sarnic@turing.org.tr – www.ayasofyapensions.com

It is always cool in Sarniç Restaurant, even during the hottest days of summer.

La température du Sarniç Restaurant est toujours agréablement fraîche, même durant les jours les plus chauds de l'été.

In Sarniç Restaurant is het altijd heerlijk koel, zelfs tijdens de warmste dagen van de zomer.

WATER TANK
RESTAURANT ICELAND

Hot springs heaven

To dine on top of 6 aluminium-sided tanks, filled with 24 million litres of hot water, you have to be in Iceland. Perlan – 'Pearl' in Icelandic – is not only the supplier of Reykjavik's warm water, but also the most striking building and most exceptional restaurant in the city. The structure dating from 1991 cleverly makes use of geothermic heat: water with an average temperature of 85°C is pumped out of underground hot water springs through 70 holes, reaching depths of 500 metres to 3 kilometres. The whole city is provided with warm water from Öskjuhlífb-hill, which lies 61 metres above sea level. The restaurant is covered by 1,176 window panes and hot or cold water is pumped through the metal framework so that a comfortable temperature is always maintained.

Pour pouvoir dîner au sommet de ces six réservoirs, habillés d'alu, contenant 24 millions de litres d'eau chaude, il faut se rendre en Islande. Perlan – « perle » en islandais – n'est pas seulement le réservoir d'eau chaude de Reykjavik c'est aussi le bâtiment le plus extraordinaire et le restaurant le plus exceptionnel de la ville. La structure qui date de 1991 exploite de façon intelligente la géothermie : de l'eau, à la température moyenne de 85°c, est pompée des sources d'eau chaudes souterraines au moyen de 70 forages allant de 500 à 3.000 mètres de profondeur. A 61 mètres au-dessus du niveau de la mer, le site d'Öskjuhlífb approvisionne toute la ville en eau chaude. Le dôme de verre qui recouvre le restaurant compte 1.176 fenêtres. Sa structure en acier creux permet faire circuler de l'eau chaude durant l'hiver et de l'eau froide, pendant l'été, afin de conserver une température idéale toute l'année.

Dineren bovenop 6 met aluminium beklede tanks, gevuld met 24 miljoen liter heet water, daarvoor moet je in IJsland zijn. Perlan - 'Parel' in het IJslands - is niet alleen Reykjaviks warmwatervoorraad, maar ook het meest opvallende gebouw en meest uitzonderlijke restaurant van de stad. De structuur uit 1991 maakt op een slimme manier gebruik van geothermische warmte: door middel van 70 gaten, in diepte variërend van 500 meter tot 3 kilometer, wordt water van gemiddeld 85 graden Celsius uit de ondergrondse warmwaterbronnen opgepompt. Vanaf de 61 meter boven zeewaterniveau gelegen Öskjuhlífb-heuvel wordt de hele stad vervolgens van warm water voorzien. Het restaurant werd overkoepeld met behulp van 1.176 glasramen en een hol stalen gebinte waardoor in de winter warm en in de zomer koud water gepompt wordt, zodat er altijd een comfortabele temperatuur heerst.

PERLAN - Öskjuhlíð, Box 5252, 125 Reykjavík, Iceland, +354 562 0200 – perlan@perlan.is – www.perlan.is

You can enjoy outstanding cuisine and a panoramic view: the restaurant takes 2 hours to revolve 360° on its axis.

Vous pouvez profiter d'une excellente cuisine et d'une vue panoramique : le restaurant tourne entièrement sur son axe, en deux heures.

In het restaurant kan je genieten van een uitstekende keuken en een panoramisch uitzicht: de zaak draait in 2 uur tijd volledig rond haar as.

CHURCH RESTAURANT GERMANY

Soul food

Restaurant-bistro-lounge Glück und Seligkeit is located in the former Martini Church in Bielefeld. This neo-gothic church built in 1897 was ready for demolition in 2005 when the German restaurateur Achim Folka came up with the idea of lovingly converting it into a stylish restaurant and lounge. The bistro was accommodated in the nave and altar, while the higher level of the aisles is occupied by the restaurant. Those who would like to enjoy a cocktail before or after their meal can do so in the lounge in the organ room, from where you also have the best view over the restaurant. The whole building can accommodate 350 guests and the large terrace with a play area can seat another 320 people. The type of people who frequent the place is extremely varied: from parents with their children to business men and students, the trendy crowd and young at heart senior citizens.

Le restaurant lounge Glück und Seligkeit se situe dans l'ancienne église Martini, à Bielefeld. Cette église néogothique de 1897 était sur le point d'être démolie en 2005, lorsque le restaurateur allemand Achim Folka la transforma amoureusement en un restaurant lounge. Le bistrot occupe la nef centrale et l'autel, tandis que les allées surélevées abritent le restaurant. Pour un cocktail avant ou après le repas, le lounge, installé en lieu et place de l'orgue, offre la meilleure vue du restaurant. La structure peut accueillir 350 convives. La grande terrasse et son jardin de jeux, 320 personnes de plus. Le public est varié : familles, hommes d'affaires ou étudiants, trendy people et jeunes retraités.

Restaurant-bistro-lounge Glück und Seligkeit is gevestigd in de voormalige Martinikerk in Bielefeld. Deze neogotische kerk uit 1897 was klaar voor de sloop toen de Duitse restaurateur Achim Folka in 2005 op het idee kwam ze op liefdevolle wijze te verbouwen tot sfeervol restaurant met lounge. De bistro werd ondergebracht in het middenschip en de altaarruimte, terwijl de hoger gelegen zijbeuken ingenomen worden door het restaurant. Wie voor of na het eten graag een cocktail nuttigt, kan terecht in de lounge in de orgelruimte, van waaruit je ook het beste zicht over de zaak hebt. De hele structuur kan 350 gasten herbergen, en het grote terras met speeltuin biedt plaats aan nog eens 320 personen. Het publiek dat de zaak bezoekt is zeer gevarieerd: van ouders met kinderen over zakenlui tot studenten, trendy people en jonge senioren.

RESTAURANT - BISTRO – LOUNGE GLÜCK UND SELIGKEIT - ARTUR-LADEBECK-STRASSE 57, 33617 BIELEFELD, GERMANY – +49 521 557 65 00 – INFO@GLUECKUNDSELIGKEIT.DE – WWW.GLUECKUNDSELIGKEIT.DE

The name of the restaurant 'Happiness and Bliss', reflects the experience they would like to give their guests.

Le nom du restaurant, « Bien-être et félicité », dépeint ce que les propriétaires souhaitent offrir à leurs clients.

De naam van het restaurant, 'Geluk en zaligheid', weerspiegelt de ervaring die men de gasten wil bezorgen.

MONUMENT
RESTAURANT BELGIUM

Unique (atmo)sphere

The Atomium in Brussels, designed by André Waterkeyn on the occasion of the World's Fair in 1958, consists of 9 balls with a diameter of 18 metres that together form a scale model of an iron crystal. A new restaurant opened its doors in April 2006 in the highest ball, also known as the Lola Bobesco sphere, 95 metres above the ground. The recent renovation of both the inside and outside is also reflected here: the naked metal structure has an undeniable charm and the furnishings look modern and fresh. The space is also multifunctional: the thousands of tourists who visit the Atomium at noon and in the afternoon can enjoy lunch or the dessert buffet, while Chef Alexandre Masson serves a delicious sample of gastronomic Belgian cooking in the evening.

L'Atomium de Bruxelles, dessiné par André Waterkeyn à l'occasion de l'Exposition Universelle de 1958, se compose de neuf sphères de 18 mètres de diamètre représentant l'atome de fer. A 95 mètres d'altitude, la boule du sommet, dénommée la sphère Lola Bobesco, a ouvert ses portes en avril 2006 à un nouveau restaurant. La récente rénovation se voit tant à l'intérieur qu'à l'extérieur : les structures de métal nu dégagent un charme indiscutable et le décor s'est fait moderne. L'espace se veut également multifonctionnel : au déjeuner et l'après-midi, il attire les milliers de touristes de l'Atomium pour un lunch ou un buffet de desserts, tandis que le soir, le chef Alexandre Masson propose un bel échantillon de la gastronomie belge.

Het Brusselse Atomium, ontworpen door André Waterkeyn ter gelegenheid van de wereldtentoonstelling in 1958, bestaat uit 9 bollen met een diameter van 18 meter, die samen een schaalmodel van een ijzerkristal uitbeelden. In de hoogste bol, ook wel Lola Bobesco-sfeer genoemd, heeft in april 2006 op 95 meter hoogte een nieuw restaurant zijn deuren geopend. De recente renovatie van zowel de buiten- als binnenkant weerspiegelt zich ook hier: de zichtbare naakte metalen structuur heeft een ontegensprekelijke charme en de inrichting oogt modern en fris. De ruimte is ook duidelijk multifunctioneel: 's middags en 's namiddags kunnen de duizenden toeristen die het Atomium trekt er terecht voor een lunch- of dessertenbuffet, terwijl chef Alexandre Masson er 's avonds een mooi staaltje weggeeft van de gastronomische Belgische keuken.

LE RESTAURANT DE L'ATOMIUM - SQUARE DE L'ATOMIUM, 1020 BRUSSELS, BELGIUM - +32 2 479 58 50 - RESTAURANT@BELGIUMTASTE.COM - WWW.BELGIUMTASTE.COM

The establishment seats 100 people. Those who request a window seat when they reserve a table will have the best view.

L'établissement compte 100 couverts. Pensez à réserver une table près de la fenêtre, pour vous assurer de profiter de la meilleure vue.

De zaak biedt plaats aan 100 personen. Wie bij het reserveren vermeldt dat hij of zij een plaatsje aan het raam wil, heeft het beste uitzicht.

PUMP HOUSE
RESTAURANT BELGIUM

Harbour monument

In the middle of Antwerp harbour, with a unique view over cranes, docks, bridges and boats, is restaurant & bar Het Pomphuis. This beautiful art nouveau structure, built in 1920 to drain the dry dock next to it, was taken out of service in 1982 and reopened in 2002 as a remarkable restaurant location. On the ground floor, the Grand Café with its large central bar is the beating heart, while the newly covered inner courtyard serves as the restaurant. The mezzanine and pump room, located 7 metres lower, form unique spaces for exclusive dinners. The biggest eye-catchers are the 3 colossal cast iron centrifugal pumps, the round arched windows, the high ceiling with original tropical wood finishing and the stairs against the inner walls of the hall that lead to metal walkways with decorative iron balustrades.

Au plein centre du port d'Anvers, procurant une vue unique sur les grues, docks, ponts et autres bateaux, trône le bar-restaurant Het Pomphuis. Cette magnifique structure Art Nouveau, bâtie en 1920 pour écoper le dock situé à proximité, a été mise hors service en 1982. Elle a rouvert en 2002 sous la forme d'un établissement exceptionnel. Au rez-de-chaussée bat le cœur du restaurant, avec le Grand Café et son bar immense. Le restaurant est installé dans la cour intérieure, nouvellement couverte. Pour des dîners plus exclusifs, on peut également profiter de la mezzanine et de la salle des pompes, sept mètres plus bas. Le regard se porte sur les trois énormes pompes centrifuges, les fenêtres arquées, le haut plafond en bois exotique originel et les escaliers intérieurs menant aux galeries ainsi que ses rampes élégantes.

Middenin de Antwerpse haven, met een uniek uitzicht op kranen, dokken, bruggen en boten, staat restaurant & bar Het Pomphuis. Deze prachtige art nouveau structuur, gebouwd in 1920 om het ernaast gelegen droogdok leeg te pompen, werd in 1982 buiten dienst gesteld en in 2002 heropend als opmerkelijke horecagelegenheid. Op het gelijkvloers vormt het Grand Café met de grote centrale bar het kloppend hart, terwijl de nieuw overdekte binnenplaats dienst doet als restaurant. De mezzanine en de 7 meter dieper gelegen pompenzaal vormen unieke ruimtes voor exclusieve dinertjes. De grootste blikvangers zijn de 3 kolossale giet-ijzeren centrifugaalpompen, de rondboogvensters, het hoge plafond met de origineel tropisch houten afwerking en de trappen tegen de binnenwanden van de hal, die leiden naar metalen galerijen met sierlijke ijzeren borstweringen.

HET POMPHUIS RESTAURANT & BAR - Siberiastraat z/n, 2030 Antwerp, Belgium – +32 3 770 86 25 - info@hetpomphuis.be - www.hetpomphuis.be

The kitchen serves Pacific Rim cooking, a new term for fusion cooking at its best, with combinations of European, Asiatic and Pacific influences.

La carte propose des spécialités Pacific Rim, un terme désignant la cuisine fusion, combinant des influences européenne, asiatique et du Pacifique.

De keuken biedt Pacific Rim Cooking, een nieuwe term voor fusionkeuken op zijn best, met combinaties van Europese, Aziatische en Pacifische invloeden.

POWER PLANT
RESTAURANT UK

Architecture, art, performance & food

Wapping Hydraulic Power Station in London's East End is an awe inspiring structure. Built in 1890 and taken out of service in 1977, this monumental building was rechristened as an art centre and restaurant in 2000 by film director Jules Wright. In its unchanged state, with the machinery still in place and bathed in pools of natural light, it is an inspiring place both for performances and exhibitions as well as for dinner dates. Driven by perfectionism and ambition, Wright is just as fussy about the appointment of chefs as she is about the choice of artists. Restaurant Wapping Food, situated in the motor and turbine rooms, has acquired a good reputation in London's culinary world thanks to a daily changing menu, the in-house butcher's shop and an unceasing concern for quality.

Wapping Hydraulic Power Station dans l'East End londonien est un bâtiment qui suscite le respect. Edifié en 1890 comme centrale électrique et mis hors service en 1977, l'ensemble monumental a été réaffecté en 2000 par le régisseur Jules Wright, en centre pour les arts ainsi qu'en restaurant. Intact, sa machinerie toujours en place est baignée de lumière naturelle. C'est un lieu d'inspiration tant pour les expositions que pour les dîners d'affaires. Perfectionniste et ambitieux, Wright est aussi exigeant dans son choix de chefs que dans celui des artistes. Le restaurant Wapping Food, logé dans la salle des moteurs et des turbines, s'est forgé une solide réputation à, grâce à son menu qui change chaque jour, à sa boucherie maison et à l'attention portée sans relâche à la qualité.

Wapping Hydraulic Power Station in de Londense East End is een gebouw dat ontzag opwekt. Gebouwd als krachtcentrale in 1890 en buiten dienst gesteld in 1977, werd het monumentale pand in 2000 door regisseur Jules Wright omgedoopt tot kunstencentrum en restaurant. In zijn onveranderde staat, met de machinerie nog op zijn plaats en badend in poelen van natuurlijk licht, is het een inspirerende plek voor zowel voorstellingen en expo's als dineerafspraken. Gevoed door een gevoel voor perfectie en ambitie, is Wright even kieskeurig wat betreft de aanstelling van chefs als over de keuze van kunstenaars. Restaurant Wapping Food, gesitueerd in de motor- en turbineruimtes, heeft in de Londense horecawereld dan ook al een stevige reputatie verworven, mede dankzij het dagelijks veranderende menu, de interne slagerij en de niet-aflatende aandacht voor kwaliteit.

WAPPING FOOD @ THE WAPPING PROJECT - WAPPING HYDRAULIC POWER STATION, WAPPING WALL, E1W 3SG LONDON, UK - +44 207 680 2080 - JULES@THEWAPPINGPROJECT.COM - WWW.THEWAPPINGPROJECT.COM

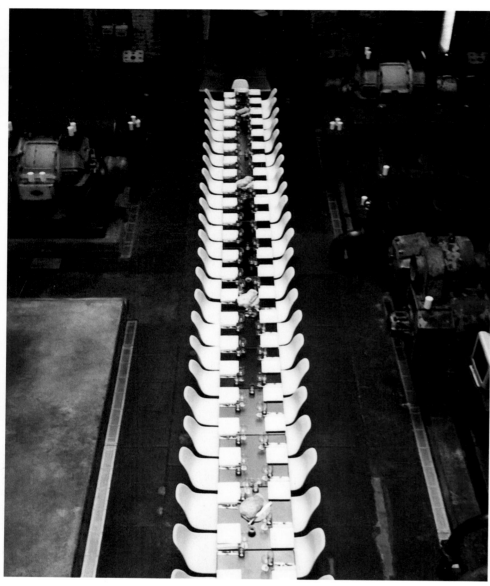

The building radiates a certain dramatic feel and lends itself time and time again to be rediscovered and transformed.

Le bâtiment affiche un certain penchant dramatique et s'ingénie à paraître à chaque fois réinventé et transformé.

Het gebouw straalt een zeker gevoel voor dramatiek uit, en leent zich ertoe om telkens weer uitgevonden en getransformeerd te worden.

TOILET THEME
RESTAURANT TAIWAN

Pull up a toilet

Just as the name suggests, restaurant chain Modern Toilet is dominated by everything related to the smallest room. This means that you shouldn't expect ordinary tables and chairs but rather bathtubs covered with sheets of glass and lots of toilets to sit on. The food is served in miniature toilets and you wipe you mouth with – yes indeed! – toilet paper. Owner Wang Tzi-Wei came up with the idea for the restaurant while reading the Manga comic Dr. Slump on the toilet, and set up his first toilet-ice cream business in 2004. Although initial reactions were mixed, the concept did seem to go down well with young people with a special sense of humour. Modern Toilet now has no less than 12 branches and the menu also includes main courses. The restaurant is so successful that it is usually advisable to book a table.

Comme son nom l'indique, au Modern Toilet, tout évoque les petits coins. Cela veut dire que vous ne devez pas vous attendre à des simples tables et chaises mais à manger sur des baignoires couvertes de plaques de verre et vous asseoir sur des cuvettes de WC. Les aliments sont servis dans des toilettes miniatures et on s'essuie la bouche avec du papier toilette, naturellement ! L'idée est venue au propriétaire Wang Tzi-Wei à la lecture du manga Dr. Slump on the toilet. En 2004, il ouvre son premier salon de glaces. Malgré quelques réactions mitigées, il semble que le concept plaise aux jeunes au sens de l'humour particulier. Depuis, Modern Toilet a ouvert 12 filiales et ajouté des plats à son menu. Les établissements rencontrent un succès tel qu'il est conseillé de réserver.

Zoals de naam het al zegt, staat restaurantketen Modern Toilet volledig in het teken van het kleinste kamertje. Dat wil zeggen dat je je hier niet hoeft te verwachten aan doorsnee tafels of stoelen, maar wel aan badkuipen met een glazen blad en een hoop toiletpotten om op te zitten. Het eten wordt geserveerd in miniatuurtoiletpotjes en je mond afvegen doe je –uiteraard!– met wc-papier. Eigenaar Wang Tzi-Wei kwam op het idee voor het restaurant tijdens het lezen van de manga Dr. Slump on the toilet, en stampte in 2004 een eerste wc-ijsjeszaak uit de grond. Hoewel de reacties aanvankelijk verdeeld waren, bleek het concept toch aan te slaan bij jonge mensen met een speciaal gevoel voor humor. Intussen heeft Modern Toilet maar liefst 12 filialen en omvat het menu ook hoofdgerechten. De zaken kennen zoveel succes dat reserveren meestal wel aan te raden is.

The company slogan: "In an age where creative marketing is king, even faeces can be turned into gold!"

Le slogan de l'entreprise est : «à une époque où le marketing créatif est roi, même les matières fécales peuvent se muer en or ».

De slogan van het bedrijf: "In een tijdperk waar creatieve marketing koning is, kunnen zelfs uitwerpselen omgetoverd worden in goud."

MODERN TOILET - 12 RESTAURANTS FOR MINIMUM 33 TO MAXIMUM 134 PERSONS IN TAIWAN AND HONG KONG - +886 7 752 2471 - TOILET@MODERNTOILET.COM.TW - WWW.MODERNTOILET.COM.TW

便所 主題餐廳
MODERN TOILET

EPILOGUE

Raw materials, products and services. Until recently, these 3 economic commodities dominated the entire world economy. At the turn of the last century, however, a new form of economic performance made its entrance: the experience. According to economists Joseph Pine and James Gilmore modern companies that want to ensure success in a world that has become extremely technological, ruthlessly competitive and highly prosperous, have little choice: whoever wants to distinguish themselves from all the others, must be prepared to offer something 'extra'. An 'experience', a memorable event staged by the company in order to engage the customer on a personal level. These days, to keep your head above water as a restaurateur you not only have to invest in a fantastic chef, quality food and impeccable service but you also have to give your customers the feeling that something unique awaits them.

The restaurants in this book have understood this. Each one offers the customer an extremely original experience, an adventure that can be enjoyed to the full, that is memorable and about which expansive stories can be told afterwards. But, of course, the establishments in this book are not the only restaurants to be associated with the search for new experiences. In this epilogue, we would like to give you a foretaste of some other restaurants worth mentioning.

One of these is definitely Café Ke'ilu (Café As if), that opened its doors in 1998 in Israel. This establishment wanted to give its clientele the opportunity to enjoy all the social pleasures associated with a restaurant visit – but without there being any food involved. Guests could choose from an extensive menu but they always received – no matter what they ordered – an empty plate, glass or cup. Each 'dish' costed 5 dollars. The café, which was decorated with empty wine bottles and empty caviar tins, was initially overrun by people who wanted to come and sample the 'atmosphere'. But just when interest began to ebb a little, all was revealed: the restaurant turned out to be a stunt set up by an art school. The students behind it fully succeeded in showing that some people are prepared to fork out hard cash for nothing more than an experience.

The exclusivity of an experience can also be attractive, and Ferran Adrià's Spanish restaurant El Bulli excels at that. This chef was not only a founder of molecular gastronomy – even though he prefers the term deconstructivist cooking – but he makes his restaurant highly exclusive by

Matières premières, produits et service. Ces trois composantes économiques font tourner l'économie mondiale. Au tournant du siècle est apparue un nouveau concept économique : l'expérience. D'après les économistes Joseph Pine et James Gilmore, les entreprises modernes qui veulent réussir dans un mode ultra technologique, concurrentiel et prospère n'ont pas le choix : pour se différencier il faut pouvoir offrir quelque chose en plus. Une expérience, donc. Délivrer un moment inoubliable pour toucher le client de manière personnalisée. Pour durer, un restaurateur doit non seulement investir dans un chef excellent, des aliments de qualité et un service irréprochable mais il doit aussi donner à son client le sentiment que quelque chose d'unique l'attend.

Les restaurants présentés dans cet ouvrage ont bien compris cela. Chacun offre au client une expérience des plus originales, inoubliables, dont ils peuvent profiter à pleines gorgées, et parler encore longtemps après. Naturellement ces établissements ne sont pas les seuls à explorer les nouvelles expériences. Dans cet épilogue, nous voudrions jeter un œil sur quelques autres restaurants.

Et certainement Café Ke'ilu (Café Comme si), qui a ouvert en 1998 en Israël. Cet établissement voulait que ses clients puissent profiter de tous les plaisirs sociaux associés à une visite au restaurant... à l'exception de la restauration. Les clients pouvaient opérer un choix dans un vaste menu mais ils recevaient – indépendamment de ce qu'ils avaient commandé – une assiette, un verre ou une tasse vides. Chaque « plat » était facturé 5 dollars. Au début, ce restaurant, décoré de bouteilles de vin et de petits pots de caviar vides, était envahi de gens qui voulaient tester l'ambiance. Ce n'est qu'au moment où l'intérêt a faibli que la vérité a éclaté : ce restaurant n'était qu'un « happening » émanant d'une école artistique. Les étudiants à l'origine de cette mascarade ont réussi à démontrer que certaines personnes sont prêtes à payer pour une simple expérience.

L'exclusivité d'une expérience est aussi très attrayante. Le restaurant espagnol El Bulli de Ferran Adrià excelle en ce domaine. Ce chef cuisinier n'a pas seulement été à l'origine de la cuisine moléculaire – bien que lui préfère parler de cuisine déconstructive – il a réussi à rendre son restaurant exclusif, en ne l'ouvrant au public que 6 mois par an. Adrià passe l'autre moitié de l'année

Grondstof, product en dienst. Deze 3 economische goederen beheersten tot voor kort de hele wereldeconomie. Rond de voorbije eeuwwisseling deed een nieuwe vorm van economische prestatie echter zijn intrede: de ervaring. Volgens economen Joseph Pine en James Gilmore hebben moderne bedrijven die succes willen boeken in een wereld die uitermate technologisch, moordend concurrentieel en uiterst welvarend geworden is, intussen immers nog maar weinig keuze: wie zich wil onderscheiden van alle andere, moet in staat zijn iets 'extra's' aan te bieden. Een 'ervaring' dus, een gedenkwaardige gebeurtenis die het bedrijf voor de klant ensceneert om hem op persoonlijke wijze bezig te houden. Om als restaurateur het hoofd boven water te kunnen houden, moet je tegenwoordig niet enkel investeren in een geweldige kok, kwalitatief voedsel en een onberispelijke bediening, maar moet je je klanten ook nog eens het gevoel geven dat er hen iets unieks te wachten staat.

De restaurants in dit boek hebben dit prima begrepen. Stuk voor stuk bieden ze de klant een uiterst originele ervaring aan, een belevenis waarvan met volle teugen genoten kan worden, die memorabel is en waarover nadien uitgebreid verteld kan worden. Maar natuurlijk zijn de zaken in dit boek niet de enige restaurants die iets doen met de zoektocht naar nieuwe ervaringen. In deze epiloog gunnen wij u graag een blik op een stel andere noemenswaardige restaurants.

Een daarvan is zeker Café Ke'ilu (Café Alsof), dat in 1998 zijn deuren opende in Israël. Deze zaak wilde haar cliënteel de kans bieden om te genieten van alle sociale pleziertjes die geassocieerd worden met een restaurantbezoek – maar dan zonder dat er voedsel aan te pas kwam. De gasten konden kiezen uit een uitgebreid menu, maar kregen – ongeacht wat ze vroegen – steevast een leeg bord, glas of kopje. Voor elk 'gerecht' werd 5 dollar aangerekend. De zaak, die gedecoreerd was met behulp van lege wijnflessen en dito potjes kaviaar, werd aanvankelijk overspoeld door mensen die van de 'sfeer' wilden komen proeven. Pas toen de belangstelling enigszins wegebde, kwam de ontmaskering: het restaurant bleek een stunt te zijn van een kunstschool. De studenten die erachter zaten, slaagden er alleszins in om aan te tonen dat sommige mensen bereid zijn om harde cash neer te tellen voor niets meer dan een ervaring.

Ook de exclusiviteit van een ervaring kan aantrekkelijk zijn, en daarin excelleert het Spaanse restaurant El Bulli van Ferran Adrià. Deze chef-kok stond niet enkel aan de wieg van de moleculaire gastronomie – hoewel hij zelf meer houdt van de term deconstructivistische keuken – maar maakte

only being open to the public for 6 months of the year. Adrià spends the other 6 months perfecting recipes. Every year around 300,000 people try to get a table but only 8,000 are successful. They are able to enjoy a menu with 30 (!) courses that according to reports provides an incomparable experience.

Another type of memorable experience can be found in the laying out of an obscene amount of money for a meal. Masa in New York for example, has been named the most expensive restaurant in the world because you can only order one menu at a fixed price of 400 dollars. Or what do you think about the Dazzle Cocktail, a drink that costs 22,500 euros and is only available in the restaurants of British department store Harvey Nichols? It's true, however, that the price ticket is due to the pink tourmaline and diamond ring that is hiding at the bottom of the glass. Restaurant Serendipity 3 in New York, meanwhile, offers the world's most expensive scoop of ice cream at 1,000 dollars. The Golden Opulence Sundae is made from Tahitian vanilla ice cream, flavoured with 23 carat edible gold leaf, finished with the world's most expensive pralines, a gilded sugar flower, preserved exotic fruits, truffles and golden dessert caviar, served in a crystal goblet with mother of pearl and 18 carat gold spoons.

Control freaks can expect the experience of a lifetime thanks to the pay-as-you-wish system that is used at Seva Café in India, Annalakshmi in Australia and One World Everybody Eats in the US, amongst others. Here there are no prices on the menus, not to protect a lady's eyes but because the principle is that the customer may give as much as they consider the meal is worth to them. El Tintero in Spain uses an auction system: what comes out of the kitchen is brought to the dining room and whoever is willing to pay the most gets the plate. This is not a restaurant to visit with a roaring appetite...

Finally, the ultimate Big Brother experience is to be found at Futurama, The Restaurant from the Future. Research is

à perfectionner ses recettes. Chaque année, quelque 300.000 personnes tentent d'obtenir une table. Seuls 8.000 y parviennent. Ils savourent un menu de 30 (!) plats qui, tout simplement extraordinaire.

Une autre expérience mémorable consiste à dépenser une somme d'argent indécente pour un repas. Le restaurant Masa, à New York, est réputé pour être le plus cher du monde. Un menu revient au minimum à 400 dollars. Et que pensez-vous d'un Dazzle Cocktail, un rafraîchissement à 22.500 euros, disponible uniquement au restaurant de la chaîne britannique Harvey Nichols? Le prix est élevé en raison de la bague de diamant et tourmalines roses qui se trouve au fond du verre. Au restaurant Serendipity 3 à New York, on vous propose une coupe de glace plutôt onéreuse, à 1.000 dollars. Le Golden Opulence Sundae se compose de boules de glace à la vanille de Tahiti, plaquées d'or alimentaire 23 carat, serties des pralines les plus chères du monde, d'une fleur et sucre d'or, de fruits confits exotiques, des truffes et des perles de caviar dorées. Le tout, servi dans une coupe de cristal, à savourer avec une cuiller en nacre et une autre, en or 18 carats.

Les maniaques du contrôle pourront connaître l'expérience de leur vie grâce au système pay-as-you-wish qui est d'application au Seva Café, en Inde, au Annalakshmi, en Australie et au One World Everybody Eats, aux Etats-Unis, entre autres. Si aucun prix n'est indiqué sur le menu, ce n'est pas pour échapper au regard des femmes mais parce que l'on part du principe que le client peut payer ce qu'il pense devoir pour le repas qu'on lui a servi. Au El Tintero, en Espagne, on propose un système d'enchères : ce qui sort de cuisine est amené dans la salle à manger et donné au client qui en offre le plus. Un conseil : ne pas franchir la porte de ce restaurant avec une faim démesurée ...

Enfin, Futurama, Het Restaurant van de Toekomst vous offre le frisson Big Brother ultime. Ici, on enquête sur

zijn restaurant ook zeer exclusief door het slechts 6 maanden per jaar open te stellen voor het publiek. Het resterende halve jaar gebruikt Adrià om recepten te perfectioneren. Jaarlijks proberen ongeveer 300.000 mensen om een tafeltje te pakken te krijgen. Slechts 8.000 slagen daarin. Zij kunnen genieten van een menu in 30 (!) gangen dat naar verluidt zorgt voor een onvergelijkbare ervaring.

Een andere memorabele ervaring kan liggen in het neertellen van obscene hoeveelheden geld voor een maaltijd. Masa in New York bijvoorbeeld, staat geboekstaafd als het duurste restaurant ter wereld door het feit dat je hier slechts één menu kan nuttigen tegen de vaste prijs van 400 dollar. Of wat dacht je van de Dazzle Cocktail, een drankje van 22.500 euro enkel verkrijgbaar in de restaurants van de Britse warenhuisketen Harvey Nichols? Het prijskaartje is weliswaar te danken aan de ring met roze toermalijn en diamant, die zich verschuilt op de bodem van het glas. Restaurant Serendipity 3 in New York biedt intussen 's werelds duurste ijscoupe aan voor 1.000 dollar. De Golden Opulence Sundae is samengesteld uit Tahitiaans vanille-ijs, gearomatiseerd met 23-karaat eetbaar bladgoud, afgewerkt met de duurste pralines ter wereld, een vergulde suikerbloem, exotisch gekonfijt fruit, truffels en goudkleurige dessertkaviaar, en opgediend in een kristallen ijsbeker met lepeltjes van paarlemoer en 18-karaat goud.

Controlefreaks kunnen zich verwachten aan de ervaring van hun leven dankzij het pay-as-you-wish systeem dat toegepast wordt bij onder meer Seva Café in India, Annalakshmi in Australië en One World Everybody Eats in de VS. Dat hier op de menu's geen prijzen vermeld staan, is niet om tere vrouwenogen te beschermen, maar omdat men uitgaat van het principe dat de klant zoveel mag geven als hij acht dat het etentje hem waard geweest is. In El Tintero in Spanje wordt dan weer een veilingsysteem aangewend: wat uit de keuken komt, wordt naar de eetruimte gebracht en wie er het meeste geld voor over heeft, krijgt het bord. Geen restaurant om met een razende honger te betreden...

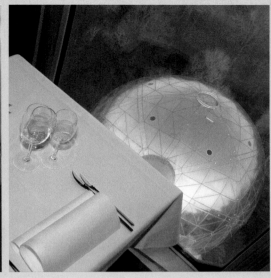

done here on the influence of light, colour, smell, taste and furniture on consumption and eating behaviour. Each day 200 employees and students from the Dutch educational institute Wageningen University and Research Centre come to eat at this cafeteria, observed by cameras that register even the slightest change of facial expression. The computer retains for each person the path they took, what they bought, how much they weighed when they purchased their meal and what they left on their tray. With this information they hope to gain insight into what was eaten, why and what influence the surroundings had.

Offering an 'experience' does not always guarantee success. It regularly goes wrong: the concept could be too far-fetched, the experience not memorable enough. This happened at Sehnsucht (Longing), an establishment that was aimed at anorexics and their sympathizers. This Berlin restaurant was set up in 2004 by a former anorexia nervosa patient as therapy for her disorder, and employed an anorexic chef and waitresses. The dishes were given names that did not in any way reveal their ingredients so as not to confront the customers with the fact that they would have to eat. So if you ordered a Pirate's Eye you would be served fish fingers and an egg, there was also a Thieves Platter that was a plate with cutlery (so that you could pinch food from other people's plates). The restaurant, in which the toilets were kitted out with scales and distorting mirrors, was forced to close its doors after barely a year. Anorexics proved to be not crazy about eating in restaurants and it turned out that for the ordinary public the experience was just not attractive enough.

Yet we have no doubt that restaurant owners and designers will continue to flirt with the extreme in the future, regardless of whether they are helped by new technologies and theories, they will undoubtedly be fed by a large portion of inventiveness and nerve. We look forward to it!

l'influence de la lumière, de la couleur, de l'odeur, de la saveur et du mobilier, sur le comportement alimentaire et la façon de consommer. Chaque jour, 200 collaborateurs et étudiants issus des Wageningen Universiteit en Researchcentrum viennent manger dans cette cafétéria, observés par des cameras qui enregistrent jusqu'au moindre mouvement facial. L'ordinateur retient l'itinéraire, l'achat, le poids du client au moment de son achat et ce qu'il a laissé sur son plateau. On espère comprendre ainsi l'influence de l'environnement sur ce qu'on mange, pourquoi et comment.

Proposer une expérience ne garantit pas nécessairement le succès. Il y a aussi des échecs : le concept peut aller chercher trop loin ou l'expérience ne pas être suffisamment mémorable. C'est ce qui est arrivé à Sehnsucht (Désir), un restaurant qui misait sur les anorexiques et ses sympathisants. Ce restaurant berlinois a été lancé en 2004 par une ancienne anorexique comme une thérapie à sa maladie. Elle mit au travail un chef et des serveurs anorexiques. Les plats reçurent des noms qui ne mentionnaient en aucun cas les ingrédients qui les composaient afin d'éviter que le client ne soit confronté à l'idée de manger. En commandant Pirate's Eye, il recevait un batonnet de poisson et un oeuf et une Thieves Platter – une assiette vide pour piquer dans celle du voisin. Le restaurant, aux toilettes équipées de balances et miroirs déformants, a dû fermer ses portes, moins d'un an plus tard. Les anorexiques ne semblaient pas vouloir aller au restaurant et pour les autres, l'expérience n'était pas suffisamment attirante.

Et pourtant, nous ne doutons pas que les propriétaires et concepteurs de restaurants, flirteront à l'avenir davantage avec les extrêmes, non pas poussés par de nouvelles technologies et théories mais nourris par une bonne dose d'inventivité et d'audace. Nous nous réjouissons déjà!

Het ultieme Big Brother-gevoel tenslotte, krijg je bij Futurama, Het Restaurant van de Toekomst. Hier wordt onderzoek gedaan naar de invloed van licht, kleur, geur, smaak en meubilair op consumptie- en eetgedrag. Dagelijks komen 200 medewerkers en studenten van de Nederlandse onderwijsinstelling Wageningen UR in deze cafetaria eten, gadegeslagen door camera's die zelfs de kleinste gezichtsvertrekking registreren. De computer onthoudt per persoon wat het wandelpad was, wat er aangekocht werd, hoeveel de klant woog bij aankoop en wat hij of zij heeft laten liggen op het dienblad. Hiermee hoopt men inzicht te krijgen in wat er gegeten wordt, waarom en wat daarbij de invloed van de omgeving is.

Een 'ervaring' aanbieden staat overigens niet altijd garant voor succes. Geregeld loopt het ook mis: het concept kan te vergezocht zijn, de ervaring niet memorabel genoeg. Dat overkwam Sehnsucht (Verlangen), een zaak die mikte op anorectici en hun sympathisanten. Dit Berlijnse restaurant werd in 2004 opgestart door een voormalige anorexia nervosa-patiënt als therapie voor haar aandoening, en stelde een anorectische chef en dito diensters te werk. De gerechten kregen namen die de ingrediënten op geen enkele manier vermeldden, om de klanten niet te confronteren met het feit dat ze zouden moeten eten. Zo kreeg je na het bestellen van een Pirate's Eye vissticks en een eitje geserveerd en bestond een Thieves Platter uit een bord met bestek (zodat je een en ander van andermans bord kon meepikken). De zaak, waarvan de toiletten uitgerust waren met weegschalen en lachspiegels, zag zich verplicht de deuren na amper een jaar alweer te sluiten. Anorectici bleken toch niet zo dol te zijn op restaurantbezoekjes en voor het gewone publiek bleek de ervaring gewoonweg niet aantrekkelijk genoeg.

Toch twijfelen wij er niet aan dat restauranteigenaars in de toekomst nog meer zullen flirten met het extreme, al dan niet geholpen door nieuwe technologieën en theorieën, maar vast en zeker gevoed door een flinke portie inventiviteit en lef. Wij kijken er alvast naar uit!

ACKNOWLEDGEMENTS

LOCATION

ITHAA
Photos © Conrad Hotels & Resorts
Photos © Hilton Worldwide Resorts

SNOWRESTAURANT LUMILINNA
Photos © Lumilinna Kemi, Snowcastle Ltd.

DINNER IN THE SKY
Photos © JJ De Neyer / Triptyque
Photos © Cyrille Struy
Photos © David Ghysels

RESTAURANT DE KAS
Photos © Ronald Hoeben
Interior Design © Piet Boon,
The Netherlands
(www.pietboon.nl)

THE TREEHOUSE AT ALNWICK GARDENS
Photos © Alnwick Gardens

OUTSTANDING IN THE FIELD
Photos © Outstanding in the field

UNDERGROUND RESTAURANT OF WIELICZKA SALT MINE
Photos © Rafal Stachurski - Wieliczka Salt Mine

GROTTA PALAZZESE
Photos © Grotta Palazzese

RESTAURANT & LOUNGE ALUX
Photos © Restaurant & Lounge Alux

GULAI HOUSE
Photos © The Andaman

SIROCCO
Photos © Lebua at State Tower

TRANSPORTATION

PONT 13
Photos © Frederique Masselink van Rijn

STUCKLI SKY DINING
Photos © Stuckli Sky Dining

THE SLOW COACH DINING CARRIAGE
Photos © The Slow Coach Dining Carriage

CHRISTCHURCH TRAMWAY RESTAURANT
Photos © Christchurch Tramway Restaurant

LE WAGON BLEU
Photos © l'agence Press for You, Paris, France
www.press4u.fr

GOLD COAST GONDOLAS
Photos © Gold Coast Gondolas

L' ALEXCELLENT
Photos © L' Alexcellent

INTERIOR DESIGN & ENTERTAINMENT

AURUM @ THE CLINIC
Photos © Sash Alexander
Interior design © Concrete Architectural Associates, The Netherlands
(www.concreteamsterdam.nl)

DANS LE NOIR
Photos © Dans Le Noir

B.E.D. Miami
Photos © B.E.D. Miami

SPOTLIGHT LIVE
Photos © Spotlight Live
Photos © Peter Paige Photography,

New Jersey
Interior design © Haverson Architecture and Design, Greenwich, Connecticut, USA
(www.haversonarchitecture.com)

IL TEATRO
Photos © Wynn Macau / Wynn Resorts

TEATRO ZINZANNI
Photos © Marty Sohl

THE OBSERVATORY RESTAURANT
Photos © Adrian Hunter
Photos © The Observatory Restaurant

SUR UN ARBRE PERCHÉ
Photos © Xavier Renauld
Photos © Ralston & Bau
Interior Design © Ralston & Bau, Norway
(www.ralstonbau.com)

FOREIGN CINEMA
Photos © Foreign Cinema

SERVICE & FOOD

's BAGGERS®
Photos © 's BAGGERS®

FORTEZZA MEDICEA
Photos © Telegraph Media Group Ltd.

SOLO PER DUE
Photos © Solo per Due

MOTO
Photos © Moto

PROEF
Photos © Proef

KINDERKOOKKAFÉ
Photos © Kinderkookkafé

ARCHITECTURE

360 at CN TOWER
Photos © CN Tower

UFO WATCH. TASTE. GROOVE.
Photos © UFO Watch. Taste. Groove.
Concept © Red Monkey Group

SARNIC
Photos © Türkiye Turing ve Otomobil Kurumu

PERLAN
Photos © Thorlakur Ludviksson - Hringbrot (www.hringbrot.is)

GLÜCK UND SELIGKEIT
Photos © GlückundSeligkeit

LE RESTAURANT DE L'ATOMIUM
Photos © Le Restaurant de l'Atomium

HET POMPHUIS
Photos © Het Pomphuis

WAPPING FOOD at THE WAPPING PROJECT
Photo Leaves © by thomas zanon-larcher commissioned by The Wapping Project on behalf of Veuve Cliquot 2007
Photos © thomas zanon-larcher
Photos © Jeff Vanderpool

MODERN TOILET
Photos © Modern Toilet